GIRLING UP

Mayim Bialik

别只叫我女孩

从女孩到独立女性的六个真相

[美] 马伊姆 · 拜力克 著

霸王龙文化 译

HOW TO BE STRONG,
SMART AND SPECTACULAR

北京联合出版公司
Beijing United Publishing Co.,Ltd.

送给我强大、聪明、出色的孩子们。

迈尔斯·罗斯福
弗雷德里克·赫舍尔

你们让我成为母亲，
让我的一切都变得
比我想象中的还要好。

我们是 DNA，我们是身体里流动的激素，我们是自己吃下去的维生素和矿物质，我们是会对自己饮食有所恐惧和担忧的情绪，我们是自己看上去不够好时的不安全感，我们是为了让自己变得更好时做出的改变，我们是自己读过的或是不想读的书。

当我们拥抱最好的朋友时，我们就是心中充满的爱意。
当我们失去所爱之人时，我们就是默默流淌的泪水。
我们是忧郁和悲伤的情感，我们是为了理解复杂世界做出的选择。
我们是为了改变不公平现象而付出的行动。

我们存在的可能性，就像天上的繁星一样数不胜数。

我们是工作着的身体、学习着的大脑、充满热情的心、奋斗的灵魂和最重要的女人。
我们强大、聪明、令人瞩目。
我们不需要超级英雄，
我们能成为所有我们想成为的人。

我们只需要做最真实的自己。

序　言

从女孩到独立成熟的女性

人体归根结底不过主要由 6 种元素组成：氧、碳、氢、氮、钙和磷。这 6 种元素几乎构成了我们身体的一切：细胞、器官，以及那不可思议的大脑——它可以思考，它能够计算，它感知着茫茫人世间的众多事物。

人体主要由 6 种元素构成，听起来好像十分简单。然而事实并非如此，生而为人，会经历很多复杂的事情。就像可能主要由 6 种元素组成的我们，却时常感觉有 6000 件事接踵而至，让我们手足无措。而在女孩成长为成熟女性的过程中，身体会历经诸多复杂的变化，内心世界也会越发丰富起来。一个由简单元素组成的身体怎么会拥有如此复杂的生命体验呢？

我在青春期的时候，有过一段意趣盎然的经历，如今想来，正是这段经历使得我在谈论生活中的棘手难题，尤其女性会遇到的那些问题时，能够给出实用的建议。我 11 岁就开始当演员，年纪轻轻，便取得了一些出人意料的成功。14 岁到 19 岁，我又出演了美剧《绽放》（*blossom*），这部剧讲述了一个女孩的成长故事，这个女孩有两个哥哥，父母离异，父亲一个人照顾全家。这其中的喜怒哀乐，会遇到的生活问题我都通过演员这种方式去经历了。

作为一名女演员，我几乎面向全美国，甚至全球的观众，演绎了一些发生在青少年身上的难以忘怀的事情。剧中的我，体验过初次接吻的懵懂爱恋，有过第一次买卫生棉条的稚嫩羞涩，经历过被同龄人拉着去喝酒的光怪陆离，也结识了志同道合的朋友，凡此种种，不一而足。当时我也是个青春少女，演绎了另一个青春少女的生活（其实，剧中的初吻也是现实生活中我的第一次接吻），这让我有了身临其境之感，真是戏如人生。

19 岁之后，我暂时告别了演艺生涯，去往大学深造，攻读神经科学本科学位。后来，我又持之以恒地学习了 7 年，获得神经科学博士学位。这期间，课业负担非常之重。更何况在读研究生的时候，我迎来了自己生命中的第一个孩子，在拿到博士学位后又孕育了第二个孩子。往回看都不由感慨顿生，那实在是一段忙碌的岁月。那时，我既肩负着母亲的职责，又同时需要扮演好学生的角色，如此，便意味着我每天都在上课、复习、考试和写博士论文中轮转，还要抽出时间给孩子喂奶、换尿布，睡眠时间所剩无几，一度觉得分身乏术、筋疲力尽。

在抚养孩子的同时，我还需要给 9 到 17 岁的孩子们上科学课。之后，我又回归了表演之路，在《生活大爆炸》中饰演神经生物学家艾米。也许是艺术源于生活，现实的生活里的我的身份是科学家，电视荧幕中的我又扮演着科学家。

读到这里，或许你会充满疑惑：年少成名，攻读博士学位，生育两个孩子，出演美国收视率第一的喜剧……这些与理解女性会遇到的问题并给出建议之间有什么因果联系吗?

小时候就成为公众视线的焦点，这让我常常思考人们看待女性的方式，以及他们期望看到的女性是什么样子的。这个社会看待女性的方式与看待男性的方式，有着天壤之别。人们已然把我标签化，对我形成了刻板印象，他们总是希望我以这种风格装扮，以那般方式说话——我在公众视野里从女孩长成成熟女性的漫长过程中，遇到了数不胜数的刻板要求。这是一种巨大的压力，而且让我深深感受到，与男性相比，社会对于女性是多么不同。

事实上，在我 15 岁之前，我从未想过能学习科学，因为我认为科学和数学的大门始终是只向男孩敞开的。直到后来，有一个导师给予了我成为科学家的信心。但是今天，大多数科学家仍然是男性，女性想当科学家其实是荆棘载途的，比如在当科学家的同时兼顾好结婚、生育、照顾孩子真是难于上青天。其实不只是科研领域，在任何领域工作的女性，兼顾处理好这些事都需要殚精竭虑。进入一个对于女性门槛极高的领域更会带来一系列的挑战，需要平衡的东西数不胜数。

青少年的时候，我就是一个演员，后来投身学业和研究。现在又回到了演员行列，就感觉自己又回到了青少年时光。作为一个生活在网络时代的成年人，我的很多个人生活都暴露在聚光灯下，展示在社交媒体上。这也让我看到了很多人对我的评价，因为我是演员，尤其还是女演员，便有诸多压力迫使我必须以特定的方式打扮。你很可能在别人评价你的穿着时，也有过类似的压力。

我分享我的成长故事，还有一些关于女性成长的建议，是希望提供一张成长路线图和一份陪伴。自始而终，我都觉得，在当今时代，作为女性比历史上任何时候都要艰难得多，所以我希望我的一些经历能对女孩们有所裨益。

大抵，我是一个我行我素、不合时宜的女孩；我是一个热爱科学却不知如何追求科学的女孩；我是一个热爱艺术、有创造力，也拥有科学人生观的普通人；我是一个独立的女子，但也享受孩子陪伴在我的身边。我花了太多的时间来挑战自我，让自己与众不同、不断打破自我想象的边界，这是一种惊心动魄也遍布挑战的生活，这也是我引以为豪的生活。

我想分享我的激情，正是这份始终洋溢在生命里的激情促使我成为最好的自己，同时我还想展示给你看：你所做的选择，都将成为你的一部分，你可以变得强大、聪明、令人瞩目。我希望告诉你如何负重涉远，奋勇向前。

我看过很多书，有很多关于人体和神经科学的专业书，也有很多讨论女性困难处境的书，还有很多说女性也可以改变世界的书。我想让这本书将这些主题合而为一：帮助你了解自己的身体，了解自己可能遇到的问题、也学会怎么解决这些问题，成为一个为自己的决定承担责任的女性。让我们充满自信，并且准备好与世界一较高低。

翻开这本书，成为最好的自己！加油吧，女孩！

目　录

第一章

谁决定了我是这样的女孩？

关于身体的真相

第二章

从独立照顾熟悉又陌生的身体开始

关于健康与美的真相

第一章

谁决定了我是这样的女孩？

关于身体的真相

了解自己身体的人
更懂得善待自己的身体

欢迎阅读这本书，希望它能帮你成为最好的自己！现在请想象一个场景：你正打开豪华轿车的门，步入华丽的红地毯。你手上拿着的这本书，让红毯两侧围满了人，并且气氛非常热烈。在这里，我们将从女性的生理结构出发，进而探索有关女性的一切。如果你是女性，那么你的身体就是你参加这次盛会的入场券，你已然是这个盛会的重要人物了。在这个属于女性的盛会上，我们将讨论女性身体的特点，女性的身体在青春期会有什么样的变化，以及我们如何去维持自身的健康状况。这样，你将从内而外地了解，我们怎样才能成为一个坚强独立、充满智慧且富有魅力的女性。

当变化来临

当女孩和男孩刚刚降临到这个世界上时，除了腰部以下稍有不同，他们看起来并无二致。这种情况会持续很长一段时间，也许童年时期的你也觉得自己和男孩子没什么不同，但在 9 岁到 16 岁的这段时间里，奇妙的青春期开始了。

在青春期，我们的身体和大脑都开始悄然变化。如果你是女性，你会发现，这时你的胸部开始发育，臀部变得更宽，俨然一副“女性化”的身体。你甚至会发现一些之前光溜溜的部位开始长出毛发，脸上也长出了痘痘，而且你整个人可能会变得更加情绪化。

对于一部分女孩来说，身体的这些变化发生得很快。但是对另一些女孩来说，则需要花上更多的时间。有时候我们刚刚看到变化的苗头，但这些变化似乎就戛然而止了。或许有些女孩和我一样，由于发育较晚而不禁怀疑自身成为成熟女性的可能性。但其实发生这些身体变化并没有一个最佳时间，你完全可以“守株待兔”，只需保护好自己的身体，其他的顺其自然。

那么这一切究竟是怎样发生的呢？我们的身体里是否有某种隐形的计时器，从我们出生的时候它就开始倒计时，当计时器停止的时候，我们就从一个女孩变成了一个成熟女性？又或者是有人一直在暗中观察着我们，当时机来临的时候，他就会用手指指向我们，开始施展“成熟女性变！变！变！”的魔法？

X 和 X

究竟是什么导致了我们的身体发生变化呢？答案很简单：XX。这里的 X 指的是 X 染色体，当然，它也是我们成为女性的原因。在身体的每一个细胞中，都有一种叫作 DNA 的东西。DNA 是一串紧紧相连的分子，它拥有身体发育所需的一切信息。如果把我们的身体比作一幢建筑，DNA 就是总设计师。我们的 DNA 都是由妈妈和爸爸的 DNA 组合而成，DNA 把我们的遗传信息编码在基因上。DNA 包含上万种基因，正是这些基因决定了我们的生理特征。比如眼睛的颜色、身高，以及能否把舌头卷得像墨西哥卷饼一样。我们的 DNA 还拥有其他的基因，决定了我们更为复杂的性状，比如决定了我们的性格是开朗活泼还是沉默寡言，甚至就连我们会不会为缠绵悱恻的电影潸然泪下，这在一定程度上也是由基因组决定的。

在每一个细胞中，都有一个压缩的小球，这个小球里几乎包含了所有决定我们是谁的信息。我们是女性这件事也被编码在我们的 DNA 里面了。当妈妈的卵细胞遇上爸爸的精子，一个宝宝就在她的肚子里诞生了。而在卵细胞和精子相遇的那一刻，我们是男孩还是女孩就已经被决定了。

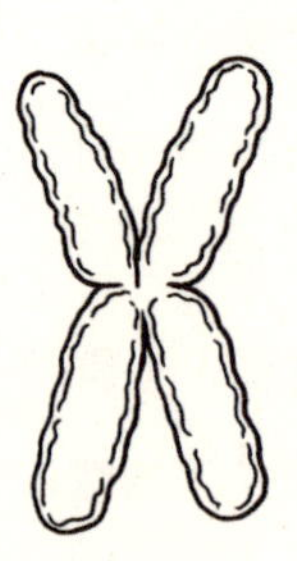
X 染色体

那么这又与 XX 有什么关系呢？从显微镜下看，决定我们性别的那部分染色体（也就是性染色体）形状看起来像一个 X 和一个 Y。染色体是指 DNA 为了适应细胞大小，全部挤压在一起时形成的结构。

当妈妈的卵细胞和爸爸的精子相遇，妈妈的卵细胞贡献了一个 X 染色体，而爸爸的精子有可能会贡献一个 X 染色体，也有可能会贡献一个 Y 染色体。这种概率就像抛硬币，正面朝上和反面朝上都有 50% 的可能性。

Y 染色体

如果爸爸贡献了一个 X 染色体，那我们就有了两个 X 染色体，就会成为一个女孩。如果爸爸贡献了一个 Y 染色体，那么我们就有了一个 X 染色体和一个 Y 染色体，就会成为一个男孩。因此，决定我们是男孩还是女孩的其实是爸爸的染色体。而作为女孩的你，要感谢你的父母都给了你 X 染色体，我向你保证，做女孩是一件非常棒的事情！

这个简单的图示，大致演绎了爸爸的 X 染色体和妈妈的 X 染色体组合的过程。

你可能还想知道 X 染色体和 Y 染色体与我们开启青春期有什么关系。这样说吧，X 染色体和 Y 染色体的表面包含了某些化学信息，它们会在我们人生的特定时刻启动。当它们启动的时候，它们就会通过蛋白质或者其他化学分子向我们的大脑发出信号。我们的大脑会接收到这样的信号：“嘿！我们要进入青春期啦！”之后，大脑就开始把特殊的化学物质释放到我们身体的各个部位，这些化学物质叫作激素。激素就是我们开启青春期的原因，也是我们的身体在成为女性过程中发生各种变化的根源所在。

很多很多秘密和疑问

青春期改变了我们身体所有看得见的部位，甚至还有一些看不见的部位。事实上，科学家们仍然在试图弄明白，激素究竟是怎样影响我们的身体和大脑的。

在我刚进入青春期时，下面这些问题曾一直萦绕在我的脑海，或许你也会有同样的困惑。

· 奇怪的地方长毛是什么感觉？我该怎么办？

· 我的胸部什么时候会开始长大？（为什么男孩们总是会看女孩们的胸部？可我并不想要那种关注。）

· 男孩的身体在青春期时会发生什么变化？

· 生理期是什么感觉？我听别人说肚子会很疼，而且有可能会把裤子弄脏。

· 生理期是不是意味着我可以怀孕了？那是个怎样的过程？

让我们从了解每个人青春期都会发生的变化开始。这个时期男孩和女孩都会开始长腋毛，但是一般来说最后男孩长的腋毛比女孩要多。女孩的阴唇会开始长毛，那是外生殖器最外层的部位；而男孩们的阴茎下方也会开始长毛。男孩和女孩在青春期都会经历一个生长发育的高峰期，但是男孩的生长发育高峰期比女孩来得晚一些，这意味着在学校舞会上可能有点尴尬，因为这个时期的女孩普遍要比男孩高。

还有些变化通常只发生在男孩身上，不发生在女孩身上。那就是男孩的声音会变粗，肩膀会变宽。这些变化是一种叫作睾丸素的特殊物质引发的，而男孩身体里的睾丸素比女孩多。

要不要剃毛呢？

尽管一般人都认为，女人会剃腿毛和腋毛，而男人不会。但其实纵观整个人类历史，在世界的大部分地区，女人都是不剃毛发的。毛发不是你流汗多的原因，而狐臭也只是汗水和细菌混合后产生的，这与毛发本身无关。剃毛是一个非常私人的决定，想过几年再剃毛或者根本就不想剃毛都没什么问题。流行是会改变的，现在很多男人也会剃毛了。剃不剃毛这完全由你自己决定，但是要知道，一旦开始剃毛，你就需要一直保持这个习惯。如果你不想要这些部位继续长出毛发来，可以尝试一些长效的方法，比如蜜蜡脱毛或者激光脱毛，这样就可以在长时间内防止毛发重新生长，不需要你经常剃。但是如果你是像我一样不太在意这些的女性，觉得剃毛的方法都太过麻烦，不去理会，任其自然生长也是可以的。

青春期硬核知识

胸部的变化

在青春期，女性上半身的变化以胸部的发育为主。每个人胸部的发育时间都不一样，而发育时间是没有对错之分的。有一些女孩胸部发育得很慢，几年之后胸部才能发育完成。而另一些女孩的胸部则发育得很快。可如果发育速度过快而导致身体跟不上的话，那胸部可能会长出妊娠纹。不过这些纹路在青春期结束之前很难被注意到，而且还会随着年龄的增长而逐渐消失。

有些女性胸部是圆的，有些则并不那么圆。有些似乎是挺立的，有些则是向下垂的。有趣的是，大部分女孩两个乳房的大小其实是不一样的，但通常差异的程度非常小。不过也有些人的差异会比较明显，一个乳房甚至可能比另一个大出一个罩杯的大小。

乳头也各不相同。有些人乳头较大，有些人乳头较小，乳头周围的暗色皮肤，即乳晕的大小也不同。甚至有些人的乳头是部分或全部内陷的，这叫作假性乳头内陷或乳头内陷。如果你有一个乳头或者两个乳头是这样的，别担心，这通常是家族遗传，而且随着你长大，这种特征会越来越不明显。（记住，即便乳头是这种情况，你生孩子后也不影响哺乳。）

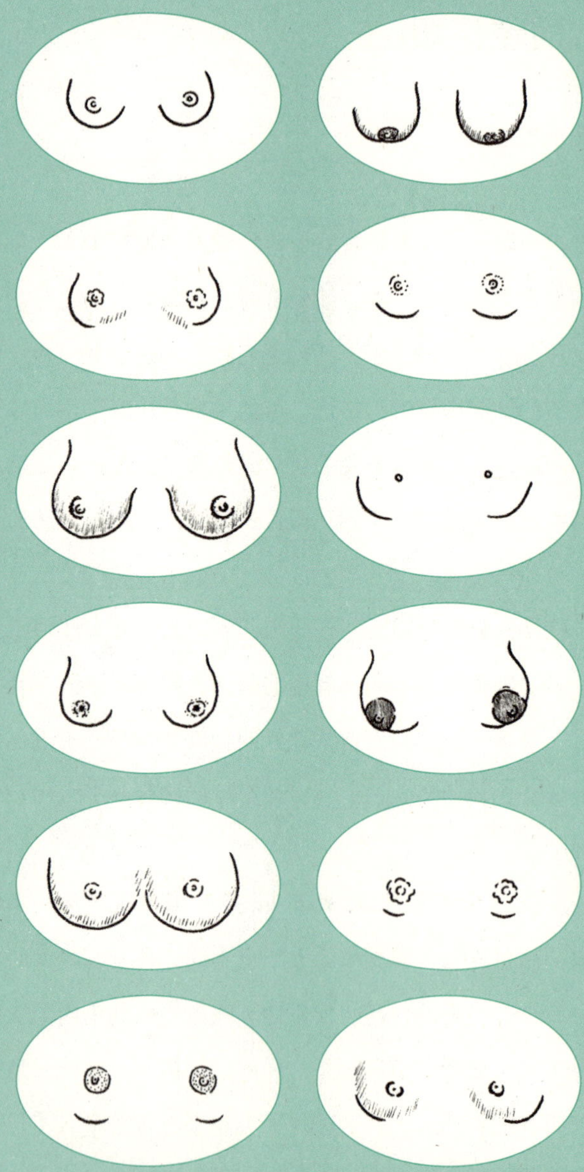

这是一些不同类型的乳头图片。它们看上去可能各不相同，但是，这些全都是正常的！

胸部的大小重要吗？

在我们的文化里有很多关于胸部的话题，胸大的女孩会得到更多的关注。特别是在青少年时期，男孩常常对胸部丰满的女孩很感兴趣，因为他们还不够成熟，不知道盯着或指着别人胸部的这种行为是令人讨厌的。但是这也不全是他们的错，这是一种正常的生理现象。男孩们常常对胸部着迷，是因为胸部除了作为哺乳动物喂养婴儿的工具之外，还是性器官。在哺乳动物的进化史上，我们的大脑就已经将胸部看作性的象征。胸部对触碰很敏感，也是我们身体上非常容易被接触到的部位，因为胸部就在那儿，一目了然。当男孩们看到胸部时身体会感到非常舒适，这是很简单的科学原理，在他们变得更成熟之前，这似乎就是他们的全部所想。现在丰满的胸部会得到更多的注意，但是，你知道吗？曾经在历史上的某些时期，人们认为小巧的胸部更有吸引力。例如20世纪20年代的美国，身材丰满的女性会束紧胸部，让自己看上去不那么性感。所以如果你不喜欢自己胸部的大小，就记住这一点，谁知道几年之后流行的会是什么呢。同样，当男孩们成熟之后，当你开始和更多的人约会，你会发现人们关于什么样的身体才迷人的意见大相径庭，有些人喜欢小胸，有些人喜欢大胸。因此当青春期结束时，不要担心你的胸部大小可能让你不那么迷人。无论你的胸部是大是小，你的身体都是属于你自己的精美艺术品。

你的胸部最终会有多大，它什么时候开始发育，这些基本上都是由基因决定的。尽管通常来说你的体形会和妈妈相似，但也不总是这样。我就是一个真真切切的发育较晚的人，一直到十六七岁的时候，人们还笑我是“飞机场”。不管在哪儿都有人取笑，这让我非常难受。电视上、杂志上、公告栏上到处都是胸部丰满的女性，人们好像认为胸部非常重要。在胸部方面，我碰巧比我妈妈更多地遗传了我外婆的基因，成为班上最后一个需要穿文胸的人，这让我挺难过的。但最终我还是长出了和别人一样挺拔的胸部，并且现在我回头再看，很希望当时我能对所有取笑我是“飞机场”的人说：“关你什么事？”

生殖器的变化

女性下半身的变化从外部看起来很简单，那是因为你看见的只是阴道，它通常被当作尿液的出口。但事实上，我们的尿液是从膀胱出发，然后顺着一个叫作尿道的长管道，到达一个非常接近阴道的开口—尿道口。所以你身体的这个部位其实有两个开口：阴道口，它连接孕育孩子的地方和身体外部；尿道口，它位于阴道口前面。除此之外，你的外生殖器还有一个很重要的部分，叫作阴蒂。阴蒂和豌豆差不多大，由一片平滑的肌肉构成，肌肉舒展的时候比较松软，肌肉收缩的时候可能比较坚硬。阴蒂非常重要，因为它大约拥有 8000 个神经末梢，是女性身体这里有一张女性的外生殖器的图，可以帮助我们了解自己的身体。

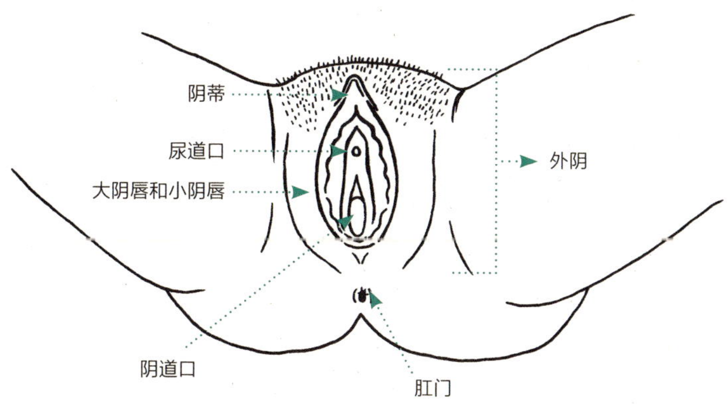

自慰是令人羞耻的吗?

青春期时，男孩和女孩都对他们的身体感兴趣，特别是那些碰到时会感觉很舒服的地方。你抚摸自己以获取性快感的过程叫作自慰。有些文化和宗教对此强烈反对，他们认为这是不健康的，甚至认为这是令人羞耻的。但是大多数都认为抚摸自己没什么不好。你的身体上原本就有这些摸起来会感到舒服的部分，这一点很重要！在你人生的不同阶段，你对自慰的兴趣大小可能不同，但是几乎每个人都会这样做，用这种方式来了解你的身体是完全没问题的。

这是女性生殖器官的图示，它展示了阴道、子宫和卵巢。

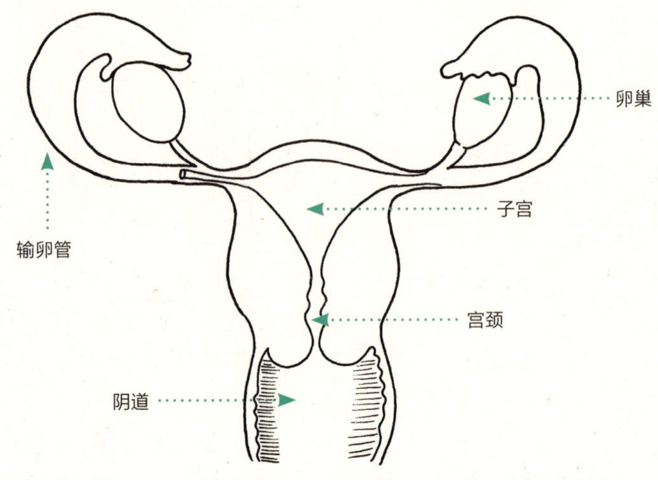

下面是男性生殖器官的图示。

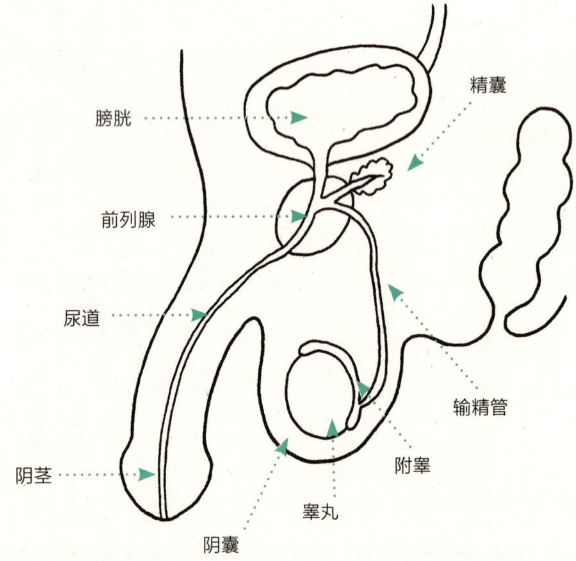

最为敏感的部位。

女性生殖系统基本都隐藏在我们的身体内部。阴道是一条通道，它通向体内一个非常重要且神奇的地方——子宫。子宫位于我们肚脐的下方，婴儿会在子宫里成长，最后离开子宫，从阴道里出来，诞生在这个世界上。子宫的两侧各有一个卵巢，每个卵巢大约有一个杏仁那么大，早在你出生之前它们就已经

男孩的那个部位是什么样的

虽然我们谈论的是女孩，但知道男孩的身体是什么样的，也很重要。尽管我们的身体看上去很不一样，但男性和女性某些部位的解剖结构是相似的。

随着我们的成长，男性和女性外形的区别越发明显。男孩显然没有阴道，但他们有阴茎。他们的尿道从阴茎的中间穿过，通过一个开口与外界相连，而不是像我们有两个开口（阴道口和尿道口）。我们女孩把卵细胞储存在两个卵巢里，而男孩的精子储存在一对睾丸中，睾丸在一个叫作阴囊的小袋里。阴囊位于阴茎下方，是男生非常敏感的部位。（如果你曾见过一个男人这个部位被打到时的惨状，你就能想象那有多疼！）

储存了你的卵细胞。卵细胞是“制造”婴儿的必需品，它也将让你的身体在青春期发生最为显著的变化。

卵巢对身体发出的青春期信号会做何反应？当我们进入青春期时，我们身体发出的激素信号告诉卵巢开始释放卵细胞。卵细胞被送入一条连接卵巢和子宫的管道——输卵管。

尽管你现在可能根本不想要一个孩子，但事实就是如此：青春期是身体在为你将来生孩子做准备，这就意味身体从此刻开始就已经整装待发了。

子宫里的卵细胞有两种命运：一种是遇到精子，那么它就可以受精并发育成婴儿。另一种是没有与精子结合，那么它就不会受精，也不会发育成婴儿。每个月，我们的身体都会通过增厚子宫内膜（以及一些其他的变化）来使子宫做好迎接受精卵的准备，然后将卵细胞从卵巢中释放出来。如果一个卵细胞没有受精，为迎接受精卵而准备的子宫内膜就会脱落，随着一些血液排出体外，这就是我们常说的月经。

生理期

女性体内的激素通常会导致卵细胞每隔一个月左右的时间就会从卵巢中释放出来。卵细胞其实非常小，甚至比字母“i”上面的小点还要小。

每隔 28 天左右，你就会经历一次月经，这个时期通常被称为“生理期”，有的人可能称之为“大姨妈到访”。生理期一般是4～7天，并不是每次经期都会有很多的出血量，出血量实际上不到四分之一个杯子的量，但是这也不少了，所以你需要使用卫生巾或卫生棉条来吸收这些流出的血液。在你生理期的某些日子里，你出血量会比较大，而在其他时候，流出的血液就不是那么多。了解你的身体在这一期间发生了什么变化是非常有必要的，这样你才能知道在哪些方面需要多加注意，从而保护好自己的身体。通常第一个感觉身体不太对劲的都是你自己，所以务必要细心，一旦感觉自己的身体有什么不对劲或者和之前不一样的地方，你可以和医生或者值得信任的成年人谈一谈。我们每个人都应该对自己的身体负责。

下图描绘了女性生理期的情况。

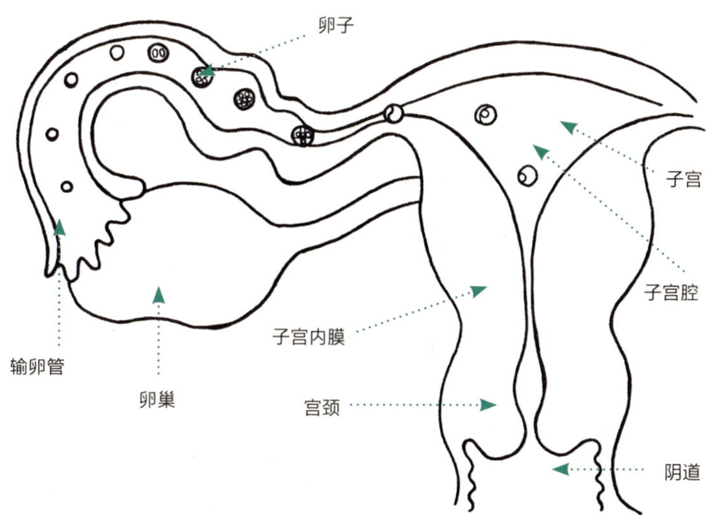

每个女孩都可以根据自己的喜好来决定是选择卫生巾、卫生棉条，还是其他类型的经期用品。就我个人而言，我在来月经后好几年才开始使用卫生棉条，而且我一直都不太喜欢它们。关于卫生棉条的谣言有很多，包括你只能在有了性行为之后才能使用它们。这当然不是真的！即使你从未发生过性行为，你也可以使用卫生棉条，而且它不会影响到你之后的性行为。当你放入卫生棉条时，你必须放松身体，慢慢呼吸，这样你才不会紧张。如果你很紧张，阴道的肌肉就会收缩，这样卫生棉条就会很难放进去。有种听起来很奇怪但还挺实用的方法：一只脚踩地，另一只脚踩在浴缸的边缘上，然后放入卫生棉条。长时间不更换卫生棉条可能会引发中毒性休克综合征，这是一种极为罕见又危险的感染病，所以如果你睡觉的时候用着卫生棉条，一定记得 8 小时就要换一次，白天则 6 小时换一次。

你也可以使用其他的经期用品，比如月经杯和月经海绵，还有一些女性甚至使用清洗和干燥后可重复使用的护垫，因为这样可以减少环境污染。慢慢来，多问问妈妈的建议，你会发现适合你自己的经期用品。

一定要随身携带一些月经用品，以防你的月经突然造访！当你刚开始经历生理期的时候，它可能没那么规律，这是很正常的。受体内激素的影响，你可能两三个月才会有一次生理期。当你第一次经历生理期的时候，你可以选择和医生谈谈你的情况，确保一切正常。通常情况下，母亲或者另一个平时和你很亲近的女性可以帮助你了解身体将会发生什么。

在生理期到来之前或者生理期期间，你的身体可能会感到紧张或疼痛，原因在于之前为安置受精卵而增厚的子宫内膜正在脱落。每个人的身体都是不同的，在生理期时有些人会感到轻微的不适，这都是很正常的。但是有些人则会经历更加剧烈的疼痛。在生理期到来之前的 1 ～ 2 天或者生理期开始之后的 1 ～ 2 天一般是最疼的。我们可以在生理期时尽量放轻松，用一个热水袋焐着肚子，不要喝咖啡或者苏打这些含有咖啡因的饮料。这些都能够一定程度上减轻疼痛，有时候散散步也能够在

记录你的生理周期

虽然大多数女性每隔 28 天左右就会经历生理期，但很多女孩的周期都不同，这并不意味着有什么问题。有些女孩的生理周期较短，尤其是在她们刚来月经的时候，有些女孩的生理周期则较长。记录你的生理周期对你了解自己的身体非常重要，因为通过特定的周期可以看到自己的身体情况，并判断情况是否正常。告诉医生你的生理周期可以帮助医生了解你的情况，进而确定你需不需要接受进一步的体检。我是用这样的图表来记录自己的生理周期的：

	一月	二月	三月	四月	五月	六月	七月	八月	九月	十月	十一月	十二月
1												
2												
3												
4												
5												
6												
7												
8												
9												
10												
11												
12												
13												
14												
15												
16												
17												
18												
19												
20												
21												
22												
23												
24												
25												
26												
27												
28												
29												

现在手机上也有一些应用程序可以帮助你记录月经周期。有些女孩会服用避孕药来让自己的生理期更规律，但其实她们的身体很正常，根本不需要通过避孕药来调控生理期。所以，记录自己的生理周期是很重要的，了解自己身体的人更懂得善待自己的身体！

一定程度上缓解不适。还有一些瑜伽姿势也对缓解经期疼痛有一定的作用，特别是一些有效促使血液流向腹部的姿势，例如蹲式、弓式和像婴儿休息一样的姿势。你还可以选择服用某些药物，例如含有布洛芬成分的药物，不过有些药会对你的身体产生副作用，所以你在服用药物前应该先咨询一位你信得过的成人。如果你在经期的时候疼到没法起床或者疼到呕吐，一定要告诉父母、老师或者医生。

生理期带来的另一个变化是情绪的波动，这是因为大脑所释放的化学物质发生了改变。在生理期前一周，体内两种非常特别的激素的含量会发生巨大改变，它们分别叫作雌性激素和黄体酮。这两种激素含量的改变会导致一些人感觉悲伤、愤怒、疲劳，或者垂头丧气。甚至有些人会在生理期前后患上偏头痛，那真是非常难受！一般情况下，情绪的波动会随着生理期的结束而结束。我推荐用于缓解月经疼痛的方法中，有一部分也对改善情绪有所助益，例如多休息、适度运动或舒展身体。假如你发现自己时常情绪低落，生理期时总爱哭，或者因为自己起床困难、参加不了平时喜欢的活动而伤心不已，就好好地跟医生或值得信赖的长辈倾诉倾诉。

缓解痛经的瑜伽姿势

所有这些瑜伽姿势的关键都在于让身体处于一个舒服的状态，避免过于紧绷。做任何一个瑜伽动作都以保持 30 ~ 60 秒为目标，刚开始的时候坚持 15 秒也是没问题的，主要看你自己的身体情况。深深地、缓缓地呼吸，想象你腹部感到疼痛的部位都通过呼吸得到了放松，这对于缓解紧张感非常重要。

下面是一些能够缓解痛经的瑜伽姿势的图示。

1. 蹲式

3. 婴儿式

2. 骆驼式

4. 鸽子式

做自己就好

青春期时，激素给我们带来的变化非常之多，比如容貌的改变、身体的发育等等。但其中对我们影响最大的还是行为和认知上的改变，我们可能会开始考虑与别人约会或者变得更在意别人的眼光，比如在意自己的形象是否讨人喜欢。青春期的激素让我们做好成为成年人，甚至成为父母的准备，因此充分理解激素在成长过程扮演了什么角色是至关重要的。

这里有一张表格，展现了一些对女性和男性的常见看法或者刻板印象。

女性	男性
女性喜欢打扮和化妆	男性喜欢车、摔跤以及开一些关于身体功能的玩笑
女性会花很多时间在电话里跟朋友交谈或者给她们的朋友发短信	男性不善于沟通
女性很浪漫	男性喜欢一些比较刺激的体育运动
女性非常情绪化	男性往往不那么情绪化

一般情况下，男性和女性的言行举止有所不同，这是因为女性拥有两条X染色体，而男性拥有一条X染色体和一条Y染色体。这也就是为什么会有人说“男人是泥做的，女人是水做的”。在这里我就此稍做解释，女孩和男孩一部分基因组的排列是不同的，

这就导致了他们各自拥有着不同的行为模式。在传统描述上通常会用“阴柔”来形容女性，用“阳刚”来形容男性。这是人们对女性和男性的常见看法，但是这并不适用于所有的女性或男性。

有一些关于男孩和女孩的趣事，我想你可能会感兴趣：一般情况下，女孩比男孩话多，这一点在世界各地都是如此。那这是否就意味着每个女孩都比男孩话多呢？当然不是，这些特点都只是根据整体得出的结论，并不适用于每个个体。

重新看看那个表格。你觉得这些描述错了吗？或者它们适用于你认识的某些人吗？例如，你认不认识喜欢打扮、多愁善感的男孩？你认不认识喜欢“男孩子气”的东西，比如汽车的女孩？我相信你肯定认识一些这样的人。

我小时候就喜欢很多被人们说只有男孩子才会喜欢的东西。我很喜欢体育运动，我想不明白为什么很多女孩会在电话里谈论班上的男生，而我当时根本不想谈论男生。你看，我曾经就是一个不那么“阴柔”的女孩。

在成为一个成年人之后，我仍然喜欢许多被认为男性才会喜欢的东西，却不喜欢一些人们觉得女性“应该”喜欢的东西。比如，我实在不喜欢化妆和美甲；我喜欢超级英雄和动作片，如果时间允许的话，我能看一整天的足球赛；当看见一辆法拉利从面前驶过，我会喜不自禁。我不是人们口中“阴柔”的女性，但这也无妨，我觉得做自己就挺好。

尽管 DNA 决定了我们身体拥有的是阴道还是阴茎，并在一定程度上引导着我们的行为举止，但是人的言行举止、所思所想的许多细微差异，也不意味着他们就有高下之分。女孩可能是阴柔的，也知道自己的大脑和内心想要的是什么。通过探索那些不认可自身生理性别的人的大脑和体内的激素，科学家得出了惊人的发现，那就是他们体内激素水平的差异的确存在。我希望我们能够找到最适合自己的方式，让所有人都感到自己在世间的存在是独一无二的。

勇敢发问

这一章里我们讨论了很多大事，我们讨论了在女孩逐渐成长为成熟女性的这一过程中，身体将会经历哪些变化，还讨论了这些变化是多么不可控，即便大部分女孩都发育正常，但仍有人认为自身并没有达到传统意义上“正常”的标准。

可能你的爸爸妈妈乐于和你谈论身体的变化和它们带来的影响，但是很多时候，和爸爸妈妈甚至哥哥姐姐或者是和年长的朋友谈论这些事情都是很难开口的。那种感觉很孤独，我还记得我小时候有很多的问题都不知道问谁，因为我太害怕了，不敢发问。我希望这一章能回答你的一些问题，或许它让你知道了一些新名词，或是一些关于问题的新理解。也希望你可以放松状态，有其他的疑问可以大胆问问自己的爸爸妈妈，这没什么不好意思开口的。

第二章

从独立照顾
熟悉又陌生的身体开始

关于健康与美的真相

更好地了解食物和身体之间的关系

学会享受饮食的过程

在上一章里我们讨论了女性身体的发育过程，以及你在青春期是如何从一个女孩变成一个成熟女性的。接下来就让我们继续探讨，为了保持身体健康我们需要做些什么。它和我们吃什么样的食物有联系吗？它和我们的运动习惯有关吗？答案是肯定的，身体健康与饮食习惯和运动习惯都是密切相关的。几年前我和我的家庭儿科医师合作完成了一本书，书中说明了饮食习惯的重要性。在这本书的写作过程中，我明白了我需要吃些什么，也开始享受饮食的过程。了解身体需要哪些食物，了解怎么进行适当的运动，这对我们来说是非常重要的。

水，无可替代

让我们从最基础的部分开始说起，我们的身体大部分是由水分子组成的，水大约占据了我们体重的 60%。假设我们一分钟不喝水，就会立马导致体内的水分含量不正常，那我们的身体将时刻处于难受的状态。所以，我们聪明的身体会通过一种特别的方式来调节体内的水平衡，让我们的身体不用时时刻刻喝水，只用隔段时间补充一下水分。在所有体液中都含有一种叫作电解质的矿物质，它们携带着正负电荷，维持着我们体内的水平衡。我们从吃下的食物和喝下的饮料中吸收电解质，这些电解质包含了钠、钾和钙。我们的身体要正常运作，就必须要吸收一定数量的电解质。

因此，关于保持身体健康你需要知道的第一件事就是：我们身体需要大量的水分。很多人都喜欢喝苏打水或者果汁，却不大喜欢喝水。实际上，现在大部分人一天的喝水量都是不能满足身体需求的。想想你是不是不口渴就不喝水，其实这是不对的，就算没感到口渴，我们也要喝水。成年人的需水量可根据体重计算：每日需水量（ml）= 体重（kg）X40（ml）。其中食物含水量为 700 ～ 1000 毫升；体内糖、脂肪、蛋白质氧化产生的水为 300 毫升左右。所以，一般成年人每日饮水量应该为 1000 ～ 1200 毫升。如果天气热出汗多，还要适量增加饮水量。

这些是身体缺水可能导致的后果：

- 口干舌燥
- 皮肤皴裂
- 睡眠不佳
- 容易疲惫
- 容易生病
- 难以专注
- 肌肉痉挛
- 头痛
- 眩晕
- 口臭
- 便秘

所以每天要多喝水，让自己的身体充满活力，不要出现这些可怕的状况。

那么，经常喝苏打水或果汁会引发什么问题呢？人们喜欢饮用它们的主要原因是味道好，而它们好喝的关键是它们含有丰富的糖分，众所周知，糖的味道是很好的。但这些糖可能会让你的血糖水平起伏过大，这可能会使我们产生异常的情绪，比如喜怒无常、紧张不安。如果你摄入的糖分过多，还会感觉想要呕吐。糖分的残留对牙齿还很不好，因为糖分是我们口腔里的细菌最喜爱的食物，而这些细菌会破坏我们的牙釉质，让我们产生蛀牙。过量摄入糖分还会使我们的免疫能力下降，容易患上感冒。更严重的是，糖分具有成瘾性。这意味着当一个对糖分成瘾的人突然停止摄入糖分时，他就会暴躁不安或者提不起精神。我们摄入的糖分越多，我们身体成瘾的可能性就越大，所以我们一定要少喝含糖饮料，让自己的身体处在一个更好的状态。

让喝水变得有趣起来

我知道，如果每天只喝白开水那就太寡淡无味了。或许你可以试着像我一样，让喝水变得有趣起来：比如在白开水里加入切片的橘子、黄瓜、草莓等，这样喝起来它的味道就会好很多。你需要给身体几周的时间去适应这个喝水的习惯，同样，你的身体也需要一段适应期才能放下对含糖饮料的渴望。如果你将这个喝水的习惯坚持两周，我敢打赌，你会为自己精神状况的改变而感到惊讶。

很多很多种食物，怎么选？

那么，我们需要吃哪些食物帮助保持身体的健康呢？科学家建议，普通人的饮食应当包括以下几类食物：果蔬、蛋白质、谷物，以及奶制品。这些是你必须了解的食物的基本类型。

果蔬

虽然你可能不怎么爱吃蔬菜，但一定有人告诉过你蔬菜的重要性。在此，我再说一下水果和蔬菜的重要性，希望你可以因此多吃点果蔬。水果和蔬菜中包含了人体所需的纤维素、维生素和矿物质。人体通过吸收这些物质来防止脱发，保持皮肤的光滑，并且维持大脑良好的运作。这样我们既能够在上课的时候打起精神，又能在放学后有足够的精力出门玩耍，以及和朋友聊天。维生素和矿物质在身体里扮演着非常重要的角色，

如果失去了它们，我们的身体状况就会变得非常糟糕。所以我们要牢记：多吃水果和蔬菜！

还有一点需要注意的是：要尽量保持水果和蔬菜的原汁原味。也就是说，水果和蔬菜在不进行任何加工的情况下食用才是最健康的。如果你想烹饪的话，添加的调料越少越好。所以你与其在草莓上涂上糖浆，不如就直接吃草莓。比如，烤红薯比加入糖精和黄油做成的红薯干更健康。当然也有少数例外的情况，例如胡萝卜、西红柿和茄子，这些食物经过一定的烹饪后营养价值是会上升的。除此之外，几乎所有的水果和蔬菜，按照它们原本的生长状态食用，或者稍加烹饪和加入少许调料，才是最健康的食用方法。

蛋白质

一说到蛋白质，你可能立马想到的是大多数人摄取蛋白质的方式——吃肉。不可否认，鸡肉、牛肉、猪肉、羊肉和鱼肉都是人体重要的蛋白质来源。构成我们身体和大脑的所有细胞都含有蛋白质。蛋白质本身是由 20 种氨基酸构成的，其中有 9 种氨基酸是身体不能自行产生的，叫作必需氨基酸。为了保证大脑、脊髓、消化系统、肾脏和免疫系统的正常运作，我们需要摄入大量的蛋白质来获取这些必需氨基酸。如果缺少蛋白质，我们的肌肉将无法工作，细胞在受到身体和环境中的毒素攻击时也无法完全修复，甚至还会影响到我们大脑的正常运作。但

我最喜欢的高蛋白食物

大家都知道肉、芝士和鱼富含蛋白质，那下面介绍一些我很喜欢吃的食物，它们也是高蛋白的。

豆类：豆类是我最喜欢的高蛋白食物。把豆类加到玉米煎饼、沙拉，甚至意大利面中也可以帮助我们摄取大量蛋白质，这样既简单又美味。将豆类磨成泥后的味道同样很棒，例如鹰嘴豆泥。所以只要善于利用豆类做食物，你就会发现它们既能满足你味蕾的需求,又能帮你补充蛋白质。

豆制品：虽然我们在食用豆制品的时候应该要有所节制，但豆腐真的是一个很好的蛋白质来源。它可以用来炒菜或是做沙拉，几乎可以说无所不能。加工过的大豆随处可见，例如墨西哥卷和玉米煎饼。它甚至还出现在你意想不到的食物里，例如蔬菜汉堡和芝士片里也含有豆制品。

坚果：你喜欢核桃酱和杏仁酱吗？我很喜欢！它们都很美味，而且杏仁酱有很多的健康脂肪。你还可以试着尝尝杏仁、核桃和腰果等坚果，它们都是获取蛋白质和健康脂肪的极佳选择。不得不说，我最喜欢的零食就是杏仁和苹果。

其他选择：燕麦和藜麦等谷物，同样含有大量的蛋白质。

值得注意的是，摄入过量的蛋白质也会导致健康问题。因此，了解我们的身体需要摄入多少蛋白质非常重要。

尽管在美国食用动物蛋白质很常见，但是世界上有很多国家提倡健康饮食，更多地通过豆类、坚果和果蔬种子等植物来摄取蛋白质。米饭，甚至面包和意大利面中也含有蛋白质。这也保证了需要控制肉类摄入量的人或是素食主义者，仍然能从除了肉类之外的地方获取身体所需的蛋白质。

尽管现在有些年轻女孩为了减肥而刻意避免或控制摄入动物蛋白质，但这并不是一个健康的减肥方法，这种饮食方式需要非常谨慎地对待。如果你想要控制体重，保持良好的身材，你可以向健康管理师或是顾问咨询相关的事情，以便更好地了解食物和身体的关系，这样你也可以从中学习到更多健康、有效的减肥方法。

碳水化合物

碳水化合物是我们身体的主要能量来源，我们摄入碳水化合物后，它会分解成对身体有利的糖分。虽然我们在前面说过摄入过量糖分会危及健康，但适量的糖分摄取还是很有必要的。含有碳水化合物的健康食物对我们的身体就十分有利，碳水化合物分解成糖分，糖分是身体能量的重要来源。因为无论你是在体育课上

做仰卧起坐，还是为了代数测试夜以继日地学习，你的身体需要碳水化合物。碳水化合物可以让肌肉高效运转，让大脑保持思维清晰。你应该听说过早餐是一天之中最重要的一餐。这是因为,在一夜没有进食的情况下,你体内糖分的含量会迅速下降,早上摄入碳水化合物有助于大脑和身体的启动。碳水化合物通常来自淀粉类食物，如大米、燕麦、面包和意大利面等。它们也存在于某些水果和蔬菜中，比如香蕉、苹果、花椰菜、胡萝卜和土豆等。

有时我们会听到人们说自己想减少碳水化合物的摄入，因为碳水化合物会对身体造成危害。但事实上，适量摄入碳水化合物对我们的身体是有好处的。只是我们在吃含有碳水化合物的食物时往往加入了大量的酱汁，而且经常添加大量的人造糖精和人造脂肪。例如，意大利面本身是一种非常健康的食物，它可以持续稳定地为人体提供能量（长跑运动员在参加大型马拉松之前往往会吃意大利面），但是如果你在意大利面上加了大量的奶酪和黄油，那么我们摄入的碳水化合物可能就会超标。如果我们缺乏运动，过多的碳水化合物就很难被消耗掉，这很可能会导致体重增加。像全麦面包和全麦意大利面这样的全麦食物，我们的身体需要花费大量的时间才能分解它们，所以你在食用后会有很明显的饱腹感，这也表明全麦食物是很好的能量来源，可以稳定地为你的身体提供能量。

谷蛋白是一种蛋白质，它存在于一切由小麦、大麦或黑麦制成的食物中，如面包和意大利面。有些人对谷蛋白过敏，吃的时候会产生诸如头晕、恶心等不适感。患有麦胶性肠病的人根本无法消化谷蛋白，甚至吃一点点含谷蛋白的东西就会危急性命。如果你吃了面包或意大利面后感到腹胀、身体水肿或是便秘，那就必须马上求助医生，检查一下你是否对谷蛋白过敏。当然，你也不用担心自己因为过敏而没法享受美味的面食，因为还有很多不含谷蛋白的面食也非常美味。

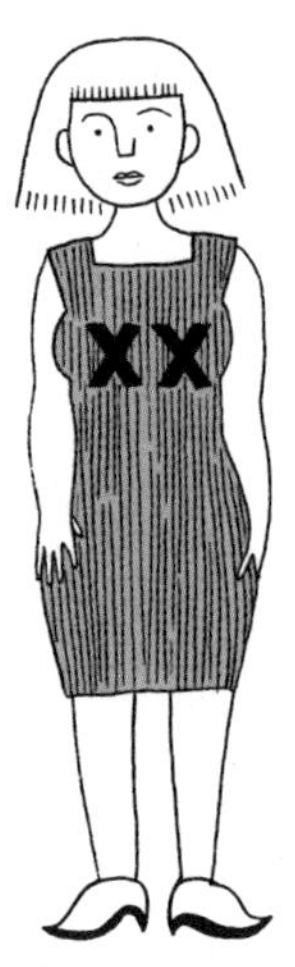

奶制品

美国政府在关于饮食的建议中，有一部分专门针对钙的摄入，给出了哪些奶制品或非奶制品能帮助人体补充钙。奶制品中富含钙和蛋白质，但也富含脂肪、糖分和盐分，所以你要谨慎选择奶制品。例如，早餐的时候喝一杯酸奶和每天吃一个奶油冰激凌这两者是有天壤之别的。很多人在吃奶制品的时候会感觉胃不舒服，这是因为有超过95%的人不能完全分解牛奶中的牛奶蛋白。比如大部分亚洲人、非洲人、东欧血统的犹太人和印第安人，都无法完全分解牛奶蛋白。如果你在吃了比萨或冰激凌之后胃里有一种恶心的感觉，就得告知父母或医生，也许你的身体不能完全分解牛奶蛋白。不过就算你不吃奶制品，也有很多其他食物能为你提供足够的钙，比如大豆、豆腐和很多种类的蔬菜，尤其是绿叶蔬菜，它们都富含钙元素。

油脂

我敢肯定，你在生活中一定听别人说过太多油脂的坏处，有的说法甚至很吓人。我们也经常听人提到要吃低脂肪或无脂肪的食品，似乎人们可以提供上百万个减肥计划帮助你“减掉脂肪”，可以列举出无数个运动项目帮助你“燃烧脂肪”。可事实证明，我们仍需要适量的脂肪来维持身体和大脑的正常运作。脂肪帮助细胞完成分裂和生长，保护我们的身体器官，在寒冷的时候帮我们维持体温，还帮助我们的身体吸收食物的营养。除此之外，人体要产生适量的激素也需要脂肪的帮助。健康的脂肪来源有很多，如橄榄、核桃、杏仁和腰果中所含的油。牛油果是一种很好的食物，它可以让你获得健康的油脂。你可以试着将它制作成牛油果酱，这是我最喜欢的一种吃法！油炸的食物则含有大量的不健康油脂，所以要尽量少吃。

什么该吃，什么不该吃?

关于我们应该吃什么和不该吃什么的争论层出不穷。人们告诫我们：

· 要多吃水果和蔬菜。

· 不要喝汽水。

· 多吃粗粮。

· 不要吃太多的谷蛋白。

· 少吃红肉，但要确保摄入足够的蛋白质。

· 不要吃太多糖果，但也不要对自己太苛刻。

· 不要吃快餐

说到快餐，对忙碌的人们来说，它是最省时省力的食物了。快餐不仅味道好，而且还很便宜，好像没有比它更方便快捷的食物了。但你要知道，快餐食品中含有大量的糖分和盐，还有很多脂肪。它们在向你的大脑发出信号：我们很美味！快来吃我们！快来吃我们！

可问题就在于快餐里所含的大量糖分和脂肪，远超我们的身体所需。这样日积月累，不仅会导致肥胖，还会危及健康。你可能会说有些人吃了很多

类似快餐的食物，可他们依然很瘦。这是因为对于某些体质的人来说，体重不会在摄入食物之后马上增加，但摄入的一些不良物质会在体内慢慢积累。即便他们外表看起来很瘦，但体内存储了大量像快餐这样的垃圾食品，就会引起内脏的不适。我们所追求的并不是外表看起来很瘦，我们所追求的是由内向外的健康状态。

为了更健康的饮食，有些人会采取一些特殊的饮食方式。例如，有些地区的人们认为吃肉对身心来说都是不健康的，所以他们根本不吃肉。在日本和中国，人们一直过着健康而长寿的生活。他们吃很多鱼类，不会吃过多的红肉。世界上大多数国家的人们，获取蛋白质的主要来源都不是肉类。美国人普遍存在着肥胖问题，而且癌症、糖尿病和心脏病的发病率也是很高的。一些国家进口美国的加工食品，开办快餐连锁店，最终导致这些国家的人也开始出现同样的健康问题，这些都与饮食习惯有很大的关联。

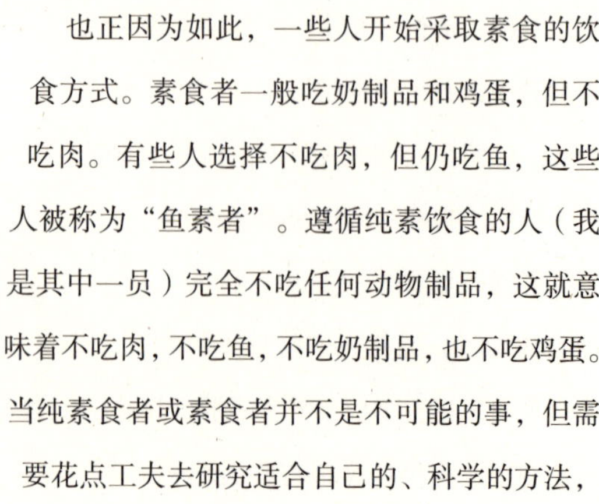

也正因为如此，一些人开始采取素食的饮食方式。素食者一般吃奶制品和鸡蛋，但不吃肉。有些人选择不吃肉，但仍吃鱼，这些人被称为“鱼素者”。遵循纯素饮食的人（我是其中一员）完全不吃任何动物制品，这就意味着不吃肉，不吃鱼，不吃奶制品，也不吃鸡蛋。当纯素食者或素食者并不是不可能的事，但需要花点工夫去研究适合自己的、科学的方法，

好吃的牛油果酱

这是一种制作牛油果酱的快捷方法。先拿一个或两个牛油果，小心地切开。把果肉挖出来，扔掉果皮。然后用叉子的背面把果肉捣碎,直到果肉完全变成泥状为止。接着加一点盐或者挤点柠檬汁进去，你也可以捣碎一个小蒜瓣，把它们拌在一起。最后，加入一把切碎的洋葱、番茄或香菜，再放入蔬菜或饼干。大功告成！你可以试着做一次，真的很好吃！

以确保我们的身体维持在一个健康的状态。你不能整天只吃法式炸薯条，还声称自己是素食主义者或纯素主义者。你必须先保证自己吃了足够的健康食品，才能使身体保持在最佳状态。对于身体健康，我们不应该自欺欺人。

素食主义并不适用于所有人，不过这没关系。不管你选择什么样的方式，记住这一点：每顿饭你都可以做出不同的选择，而且没有人能保证每一顿都吃得“完美”，所以不必对自己过于苛刻。试着改变一下你的饮食习惯，去探索是否还可以做出更好的饮食选择。美国的一些学校甚至会有“无肉星期一”，这是一种以尝试通过少吃肉来改变饮食方式的有趣方式。

通常情况下，我们吃什么食物基本上都是由父母决定和安排的。如果你的父母恰好和我的父母一样，都不想听到你对他们准备的食物发表任何看法和意见，那就告诉你的家人，你已经掌握了一些关于食物和营养的知识，你知道一些更为健康的饮食方法，不仅符合预算还能让每个人都吃得更好，这样你的父母会有耐心听听你的说法。你还可以选择和父母一起购买食物或自己做饭，不过最好是吃多少买多少，不要浪费。

吃东西时，正念很重要

当我们吃东西的时候，最重要的是要专心，集中注意力。这就像你在做某件事的时候有人在旁边提醒你，需要全神贯注。这种说法起源于几千年前的东方哲学，它是许多冥想和瑜伽练习的基础，但同样适用于饮食。

在许多文化和宗教传统中，人们会在饭前或饭后进行祈祷。虽然这对某些家庭来说可能行不通，但这个做法确实很好，因为这么做可以唤起一种感知，这种感知叫作正念。你也许认为吃是理所当然的事情，但请不要忘记世界上还有很多人仍然食不果腹。下次你在吃东西之前，哪怕只花一秒钟的时间，也要感激一下你面前的食物。如果你愿意这么去做，就表达了你对食物的尊重。刚开始练习正念的时候你可能会觉得自己很傻，但是试着掌握后会发现，它真的很酷。

为什么我们吃东西时正念很重要？因为正念能鼓励我们放慢节奏。有多少次我们刚一开饭就急忙往嘴里塞食物？但这其实是不对的，我对此感到很愧疚。当我们飞快进食的时候，吃下去的食物往往远超我们的身体所需，胃也会因为来不及消化而感到不适。

正念还能提醒我们，吃饭是生活的一部分，而不仅仅是满足生存的简单需求。无论你在什么时候进餐，都要尽量保持平静安然的心态。

吃东西时不要狼吞虎咽

你知道吗？大脑大约需要20分钟才能接收到你吃饱了的信号。当你吃东西的时候，食物到达胃里，胃就会向下丘脑发出信号，下丘脑就会知道你什么时候吃饱了。但如果你在胃部向下丘脑传达信息的过程中还一直快速吃东西，那么在大脑收到“吃饱了”的信号所需的20分钟里，你就会持续进食，导致你摄入的食物远远超出了你的身体所需。

运动起来，让自己更有趣

“去做些运动吧！”我知道你可能每天在学校或者家里都会听到这句话，对吧？

去散个步！

去学一项体育运动！

去到处跑一跑！

别再看电脑 / 电视了——出门活动活动身体！

好吧，也许只有我的父母对我这样大喊大叫，但你一定明白我想表达什么。政府提倡全民运动，目的是让我们多活动活动，拥有健康的体魄。运动广告也无处不在，时刻提醒着我们要多运动。

不得不承认，他们都是对的。运动是我们每天都需要做的事情。以前没有汽车也没有火车的时候，如果人们想去到某个地方，就只能步行。甚至当人们开始建造村庄和城镇时，他们靠的还是人力或畜力。如今，因为路程实在是太远了，我们无法依靠走路到达所有我们想去的地方。

但我们还是可以选择在街区或附近走走。

世界上有些地方的人总是喜欢四处走走，散散步。你知道吗？这些地方的人们身体通常比一般人更健康。事实证明，步行会帮助你的大脑释放内啡肽，这会使你的整体压力水平降低，从而让你感觉更平静。经常走路的人往往体形都保持得很好，我并不是想表达他们因为消耗了卡路里而很瘦，而是想说他们很少生病，精神状态更好，身体更健康。

我们必须创造一些运动的机会。下面有一些方法：

步行是最自由的选择，而且不需要任何设备。你只需要你自己和一双脚感舒适的鞋子。戴上耳机，去步行 15 分钟。如果你愿意且附近的街区又安全的话，那就绕着街区走。任何形式的散步都是好的。我有时就会在城市的街道上散步，但这样你会遇到一些不如意的情况：有时会被红绿灯拦住，有时会有狗想要嗅你，有时你前面的人走得太慢，把你计划的步行路线弄得一团糟。但在步行的过程中，你也能发现许多有趣的新事物。

我还喜欢找一些专供人们散步的地方。在你居住的城市或城镇里可能有你从未去过的地方，可以上网查询一下，从当地的公园或小道开始搜索就是很好的选择。这需要你花费一点的精力，但这也是对身体和健康的一种投资，它的收益绝对大于投入。所以，赶紧行动起来吧！

有一个散步小建议：除非你喜欢独自一人散步，不然和朋友一起散步效果会更好。如果和伙伴一起散步，会比单独散步时多走两到三倍的路程。因为我们会和同伴在路上有说有笑，相互激励。我们还可以设定一个目标，给自己一点奖励，这样我们就有散步的目标了。比如我们可以约定，“一起散步 5 次之后，就去看场电影吧！”这让散步变得更加的有趣，

还给了我们继续前进的动力。

如果你实在不喜欢散步的话，可以选择去参加一项自己喜欢的体育运动。体育运动是一种很好的活动方式，当你在进行体育运动的时候，会锻炼到身体各个部位的肌肉。而且如果你参加的是一项团队运动，那就好比同时参加了一个社交活动，这会让你感觉自己更有趣，充满活力。

为什么要参加体育运动

参加运动可以让你的身体得到锻炼，是一种保持健康的极佳方式。为什么这么说呢？

·不管你参加的是什么类型的体育运动，你的体形都会变得更好。无论是跑步、游泳等个人运动还是打排球、垒球或篮球等团队运动，你的身体都能得到锻炼。当你身体的肌肉更多而脂肪更少时，你的身体就会像一个更有效率的脂肪燃烧器，这也意味着你不用摄入很多卡路里，也能充满精力。

·参加运动可以让你的身体保持在一个健康的状态。你学会了做出健康的选择，让身体变得强壮、敏捷，并且学会了欣赏自己的身体，同时更敢于去尝试各种新鲜的事物。爱自己从爱自己的身体开始。

暴食和厌食，都请远离

我们在从女孩成长为年轻女性的过程中有时会感到惶恐不安。青春期的变化，加上新的饮食习惯，都会给身体带来巨大的改变。身体也需要时间去平衡和适应这些改变，不必过分担心，这是正常的现象。我们也许会对自己的身体感到陌生，我们花了很多年的时间才拥有现在的体形，从没想过有朝一日，它突然就发生了改变。青春期的体形变化让过去的衣服不再合身，这真的让人感到害怕。如果一个男孩或者一个女孩身体发育得太快或者太慢（就像我一样），就可能会被别人评头论足，而这些话会让你感到非常难过。

人的体形有很多种，但是当我环顾四周时却发现，大众喜欢的只有一种体形——皮包骨，就是那种近乎骨瘦如柴的体形。而且现在绝大多数媒体都热衷宣传这种体形，这很容易误导人们。有些人天生就很瘦，但也有很多人不是这样的，如果强行改变体形就会出现许多健康问题。

你知道美国女性的平均服装尺寸其实是16码吗？而模特的平均尺寸为0码。你知道几乎所有你看到的模特照片都被PS过了吗？这意味人们通过电脑编辑把他们所有认为不完美的部分全都修饰了一遍，所以你看到的模特照片并不是她们真实的样子。下面这幅有趣的图，展示了如果模特拥有美国女人的平均体形会是什么样子。

当我们经常看到与现实大不相同的图像时，它对我们会有什么影响呢？从个人体验来看，这会让我感觉自身出了问题，因为我看起来跟图片一点都不一样。如果我看到的每一张图片都和我不一样，那么我的大脑就会接收到这些信息，然后开始思考："如果每个人都是图片上那样瘦，而我不是，那我是不是出问题了？"

几乎每个人都想融入大众群体中去，绝大多数人都不想被排挤，格格不入的感觉实在太令人难受了。

那么当我们感觉难受的时候会发生什么呢？我们会想让这种不好的感受尽快消失。能采取的最明智的行为就是做一些能增强自信心的事。多去接触周围充满正能量的朋友，去拥抱那些我们可以依靠的人。学会自爱，这是非常重要的。所以，当你感觉难受时别忘了去找你的朋友谈一谈。

然而，我们当中有很多人，也包括我自己在内，都在想方设法让自己看起来和图片里的那些人一样瘦。有些女孩在很小的时候就开始节食，而且很多女孩对自己的身材感到失望，甚至厌恶。但实际上每一个身体都应该得到赞美，因为拥有了它，你才能跑步、玩耍、学习和成长。

每个人都想要改善自己的外表和体形，这很正常。如果你正在和疾病做斗争，或者医生说你需要改变你的体形，那么控制食量是一个很好的开始。学习如何通过运动燃烧卡路里，如何练习正念也很重要。最重要的是你要知道，节食是非常不健康的方式，而且它还会让我们的情绪低落甚至焦躁不安。

有些人即便自己的体重在健康的范围时也总是觉得自己很胖，并认为自己必须减肥，这最终可能会发展成饮食紊乱，甚至患上厌食症和暴食症。

厌食症患者认为自己必须减肥，即使他们的体重已经控制在了正常范围，他们也会感觉自己还是处于肥胖的状态。厌食是一种非常不健康的饮食方式。首先体现为大脑的变化，你越节食，大脑就会越混乱。患上厌食症的人会主动挨饿，以致没有足够的能量来维持身体运转。当人们厌食时，他们经常不吃饭，即使低热量的食物也几乎不吃。

厌食症患者有时会服用泻药或减肥药来让自己更快速地减肥。这些药丸对身体是有害的。轻则会导致肠道问题，重则会导致身体脱水，电解质失衡，甚至是身体器官衰竭，损害到心脏。

还记得我们说过身体需要平衡碳水化合物、蛋白质和脂肪来维持身体的平衡状态吗？患有厌食症的人则没有达到人体所需的平衡状态。正因如此，他们总是体弱多病、脱发、畏寒。严重的还会出现心律不齐，因为他们的身体根本没有获取足够的“燃料”来维持心脏的正常运作。有些方法确实可以让我们保持良好的体形，但这些方法里绝对不包括挨饿。如果你或你认识的人靠不吃东西或节食来让自己变得苗条，一定要劝他及时去寻求专业帮助。

暴饮暴食是一种饮食失调的现象。患上暴食症的人会采取一些危险的做法，通过催吐来把自己刚吃下的食物吐出来。除

此之外，他们还会一连几天甚至几周都不吃东西，就像患了厌食症一样。在这之后突然开始大吃大喝，甚至在不饿的时候，也会一口气吃掉大量的食物。但随之而来的是深深的愧疚感，那些暴饮暴食的人通常会让自己再次呕吐，不断重复这个"吐了狂吃，吃了催吐"的过程。有的女孩即使不会催吐，也会在暴饮暴食之后陷入内疚，这也是一种饮食紊乱的现象。除了没有足够的燃料去维持身体正常运作之外，暴食症还会导致胃酸侵蚀咽喉和口腔，还会腐蚀牙齿。暴食和催吐反映了食物和我们的身体之间不健康的关系，这些可不是追求美丽或幸福应该有的行为。如果你或周围人有这种行为，一定要劝他及时去寻求专业帮助。

还有一种不健康的饮食方式叫作运动暴食症。就是人们一次性吃完大量的食物后再疯狂地运动，以消耗吃下的食物带来的热量。这也可能会导致健康问题，比如关节磨损和肌肉拉伤。运动本身是对身体有益的，无论是室内运动还是室外运动。但是过于计较卡路里的消耗和过度运动都是很危险的行为。只要不燃烧掉所有你摄入的卡路里就心生愧疚，这种心理是非常不健康的。如果你或周围的人正在这样做，一定要劝他及时去寻求专业帮助。无论是为自己还是为你认识的人，如果有人想找一些方法来帮助自身摆脱厌食症或暴食症，这里有几个网站可以去看看：

·去 NEDA 网站，NationalEatingDisorders.org，单击找到帮助和支持。

·在 anad.org 网站上浏览美国厌食症和相关疾病协会网站，点击“获得帮助”菜单。

·查看“饮食障碍”网站，EatingDisorderHope.com，点击“进食障碍治疗中心”，查看美国列出的资料。

媒体如此关注节食和保持所谓的“完美”身材，以至于食物有时候似乎成了我们最大的敌人。食物原本应该是给人带来快乐的，它为我们的身体提供了所需的营养。而运动也不仅仅是肌肉形态的塑造，更能让我们的精神和灵魂得到升华。我希望这次由内到外对健康的探索能够引起你们的思考。

拥有健康的饮食习惯是非常重要的，这样我们的身体才能健康地成长。我们对饮食的选择，包括进行正念、均衡摄入营养和适量运动。这些不仅可以保持身体的健康，更重要的是，能够加深我们对自己与身体之间的关系的理解。你的饮食习惯和生活方式不需要在一夜之间改变，你要做的第一步就是拥有保持身体健康和精神健康的意识。然后明白做出这些改变是需要一些时间的，不必过分心急。如果你还没有完全准备好去迎接全新的、健康的生活，那就从身边的点滴做起，勇敢地迈出改变的第一步吧！

身体意象

你知道身体意象会因文化而产生差异吗？大约 3 万年前，这位女士被人们公认为拥有性感火辣的身材。

在中世纪的欧洲，人们认为像彼得·保罗·鲁本斯的画作里这样的女人是非常美丽的。

在许多文化中，身体强壮的女性都是美丽的象征。威廉姆斯姐妹、维纳斯和瑟琳娜，都重新定义了美丽。她们不是皮包骨，也不穿 0 码，但她们强壮而迷人。

一些广告活动已经开始用各种体形的女性模特来向人们表达：所有的体形都应该被接纳，所有的体形都可以是美丽的。现在甚至还有身材肥胖的模特，她们激励着各个年龄段的女性，让她们觉得不管自己是什么身材，都是有价值的，都值得人们给予积极的关注和肯定。

有一些商店开始关注身材丰满的女性，有一些公司则会放映由各种体形的女性出演的广告。这些是我们想要看到的变化，这样我们才能欣赏各种身材，而不仅仅是 0 码模特那样的身材。

第三章

成为理想的
自己到底需要怎么做？

关于学习力和创造力的真相

学习习惯好

甚至可能改变你的生活

在成长的过程中，我们一直都处于学习的状态，这真是一件令人愉快的事。你可能会发出疑问：可我似乎并没有用所有的时间去学习呀，我还有很多玩耍、休息的时间呀。而且如果我一直都在学习，我真的会感到愉快吗？事实上，即便我们认为自己不是处于学习状态的时候，大脑也是在默默学习着的。生命就是如此神奇，它总是在潜意识里想让我们变得更加健康、聪慧，无论我们自身是否意识到这点。

很多发生过的事情都会被储存在我们大脑的某个部位当中，即使当时我们并没有刻意去记住那些事。在大脑中，有一个形状像海马的区域主要负责记忆和学习，这就是海马体。海马体是由几层特殊的细胞组成的，这些细胞互相缠绕，使各个细胞层之间的通信非常快速高效。当我们在经历某些事情时，这些细胞会以特定的方式开始运作，并在大脑的这个区域中产生记忆。如果我们以后需要回忆起这段经历，这些细胞就可以重新启动并帮助我们回忆起当时发生的事情。

然而，并不是所有的经历都能被大脑牢牢记住。带有情感的经历会更容易被记住，而且之后更容易回忆起具体细节。例

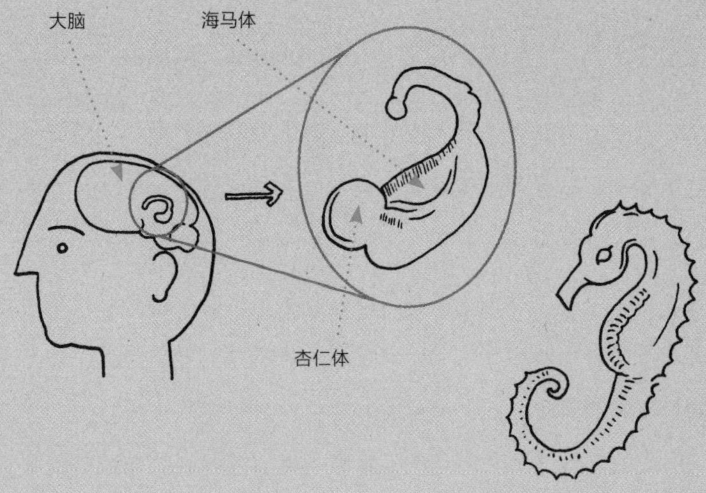

看，它看起来就像海马对吧?

如我到现在都还记得我的初恋男友对我说过的每一句话，甚至还记得在我们分手那天，我穿的什么衣服。

那些与音乐或与气味相关的记忆也通常更容易被人们回忆起来，因为它们会给大脑提供一些额外的信息，大大增加了记忆存储时的强度，同时增加了事后回忆起来的可能性。

在这一章里，我们会谈论高效学习方法以及学习对大脑和身体产生的影响；我们会探讨怎样在学校学习，以及在学校学习的重要性；我们还会讨论在参加体育运动时，我们的身体和大脑是如何学习的；我们也会研究当你看电视或看电影时，大脑会处于什么样的学习状态；最后，我们会一起来探索自身的兴趣爱好，了解自己到底需要什么。

学习好有什么秘密大法?

有些人喜欢去学校，而有些人则非常排斥，似乎除了学校和教室去其他任何地方都行。那些喜欢待在学校的人或许是喜欢和同学、朋友们一起玩，但对他们来说，放学后完成家庭作业是非常枯燥无味的事。这些我都理解，但其实能在学校里学习是一个非常难得的机会，并不是人人都有这样的机会，尤其是对于女性来说。

我们为什么要去上学？大多数人没有想过这个问题，只认为这是不得不经历的事情。但实际上，我们去学校是因为在学校可以学习我们所需的各种知识，可以帮助我们在高中毕业时就掌握一定的生活技能。换句话说，在学校学习是在为你未来的生活做准备。无论你未来会从事什么样的工作，你都需要接受过最基本的训练。这其中包括如何阅读，如何理解文章的内容，以及如何通过对话和写作的方式与他人进行交流。除此之外，基本的数学知识也是不可或缺的。只有掌握了这些知识，你长大之后，才可以更好地理财和处理生活中一些涉及金钱的问题。

尽管我们一直都在学习，但有些人必须付出加倍的努力才能体会到学习的乐趣。就比如我在整个中学时期，都不喜欢数学和科学。我会匆匆完成所有数学和科学的作业，我希望尽可能少地去面对这两门功课。我还记得有无数个夜晚我都在为这两门功课分数太低而哭泣。我觉得我实在太蠢了，无论怎么努力，都学不好这两门功课。我甚至会想，如果我在学校的时候就学

上学的特权

试想一下，如果你不能去学校学习知识，那你会是什么样子？世界上有数百万的女孩，正经历着这样的事情。有些国家不允许女孩上学，因为在他们的文化认知里，女性不需要接受教育。如果女性过于聪慧，她们就会不听从家里的安排或者抗拒婚姻。在这里，我想提到一位勇敢而坚定的年轻女士——马拉拉·优素福·扎伊(Malala Yousafzai)。她曾在一辆公交车上遭受到恐怖分子的袭击，当时的她只有15岁。因为那些恐怖分子非常反感她为维护女性受教育的权利而开展的一系列活动。被袭击之后，马拉拉并没有选择退缩，而是将她的一生的精力都投入到了维护女性受教育权的工作当中。

教育给了女性工作的机会，让她们可以依靠自己而不是依靠婚姻来养活自己，她们甚至有能力改变这个世界！遗憾的是，现实中并非所有的女性都有机会接受教育，或者过上她们想要的生活。一些像马拉拉这样的年轻女性正在努力改变这一现状，如果我们继续努力，终有一天，不论男孩还是女孩都能进入校园学习。

不好数学和科学，那就意味着上帝在告诉我："你根本不适合学习数学和科学！"

在我上了高中之后，奇迹发生了，我爱上了生物！当时我正在出演电视剧《绽放》，只能利用候场的时间来学习。而我的生物老师当时正在努力成为一名牙医，需要通过兼职辅导来赚些外快。就在这种巧合下，她给我辅导生物，从而改变了我的一生。我从来没遇到过像她这样热爱科学和数学的人。那时候我就想：我要和她一样，今后成为一名科学家。我花了很多的时间奋起直追，庆幸的是，我的努力最终得到了回报，我很感谢当时生物老师给予了我莫大的鼓励。

学校的学习并非那么容易，但你可以试着不断挑战自己，为了自己的目标而努力奋斗。合适的学习方法是打开知识之门的钥匙。如果你正在为学习而苦恼，那么可以试着和你信任或喜欢的老师谈一谈，即使他们不是你的任课老师也没关系。你可以问问他们是否能给你一些建议，可以让你更好地掌握那些你觉得有难度的科目。一定要相信一分耕耘一分收获，我的亲身经历让我明白了这个道理。

以下是我多年来在学校取得好成绩的秘诀：

· **不翘课。**这原本不用强调，但我还是想再重复一次：不要翘课。也许你无法保证自己永远不会翘课，但你要知道，学校是最适合学习的场所。一旦你养成了翘课的习惯，或者不重视坐在教室里学习这件事情，就会耽误课程，从而落后于人。一旦你再想要奋起直追的时候，就会发现面前困难重重。对待学校的学习要像对待可以获得薪酬的工作一样认真。想一想将来支撑你吃饭、买房、买车的工作都需要用到你现在上学的时候打下的基础，你就会知道在学校学习是多么重要。所以，按时去上课吧，这将会是你未来生活的保障。

·坚持完成每天的作业。时刻让自己保持井然有序的状态，并且每天及时处理那些你认为当天必须要完成的任务，这会让学习变得更容易。买一个小笔记本，可以贴一些贴纸或者画些图案装饰一下，让它成为一个你看着就开心的东西。当学校布置作业时，你就在本子上列一个清单，写下作业需要完成的时间。如果老师发的是作业任务的打印稿，或者在线将教学大纲传给你，你也要把这些内容一字一句地记在本子上 。因为把事情写下来，能让你的大脑进行思考并以一种新的方式记住它们。我是个书呆子，在中学时期，我会用不同颜色的笔去记录不同科目的内容。你或许有其他习惯使用的方法，但无论是什么方法，只要可以帮助你把每天需要完成的事情安排得井井有条，那就是可行的。

·不要拖延。有时候出于各种原因，你不能立马完成老师布置的作业。毕竟在学校高强度学习了一整天后，大脑也需要时间休息。但在老师教过之后就开始练习，学习效率是最高的。因为在学到新知识之后不久，我们的记忆是最可靠的，你的大脑在练习时就会充分利用所接收到的新知识，从而进一步加深对知识的记忆。

· 不要分心。让你分心的事情有很多，它们使得你不能专心地完成家庭作业。而每一次分心都会让大脑失去对某些事的掌控。在学习的时候，我们的大脑需要保持在一个清醒且不被打扰的状态。如果这时候你看到叫你出去玩的短信，甚至听到“滴滴”的短信提示音，都会阻碍你大脑内的海马体完成工作。在学习的时候，记得关掉手机和电视，这能减少你分心的概率，让你更专注于学习，完成更多的任务，这也将为你今后的成功做铺垫。

· 一次又一次地重复。在学习和记忆的过程中最重要的因素之一就是重复。我们思考或研究某件事的次数越多，它就越能长期地储存在我们的记忆当中。把需要记忆的东西写出来也是为了手脑并用，从而加深记忆。尤其是在你即将面对考试的时候，这是个加深记忆的好方法。

· 有创意。不要只通过阅读这一种方式来学习，让你的大脑和身体的其他部位也参与到这个过程中来。抄写重要的单词，会增加对海马体的刺激，活跃你的大脑，并鼓励它记住那些重要细节。另一个刺激海马体的方法就是把你需要记忆的内容改编成歌曲。将音乐元素引入学习对海马体的刺激很大，这就会让你的记忆更为深刻。我们初二的一个老师，他把行星顺序改编成了一首非常好听的歌，让我们一下子就记住了这个知识点。所以只要你富有创造力和想象力，你的海马体一定会给你带来惊喜！

运动起来

女孩在成长的过程中，不单是要学习老师在课堂上传授的知识。学习其他方面的技能可以增强我们的个性，丰富我们的生活。当我们参加一项体育运动时，我们的身体和大脑都处于学习的状态，从而提高了身体和大脑的学习能力。在体育运动中，我们不仅学习扔、抓、跑、跳等一系列简单的肢体动作，还会学习设定目标和完成预期目标。我们学会了管理时间，以确保我们能在规定时间内完成任务。我们还会找到如何在规定的时间内提高运动效率的方法。在带有竞争性质的运动中，我们学会了如何正确面对失败和胜利，我们学会了理解和体谅他人。而且运动过程中需要经常和他人互动，我们也从中学习了考虑他人的优点、缺点和需求，从而更有效地与他人合作，这一点是你能学到的最重要的技能之一，你的余生都会用到它。所以，如果你想让你的大脑变得更强大，就用运动来培养它，去做能让你的身心受益的运动吧！

屏幕和我们的关系

在青少年时期，我最喜欢做的事情之一就是看电影。我喜欢吃爆米花和小零食，也喜欢坐在黑暗的电影院里。我觉得面对着电影银幕的感觉太奇妙了，这让我非常着迷。沉浸在电影的幻想世界里确实让我无比享受，在成年之后仍是如此。当我在你们这个年纪的时候，我基本只会在晚上完成作业之后，看几个小时的电视。只有在周末的早上，我才会和哥哥一起看动画片，而那时我们的父母通常还在睡觉。如果有某个晚上我们全家人碰巧都在家，或者是我们当中有谁租了电影，就会坐在一起看电影。

在我观看电影和电视节目的过程中，学习能力也在慢慢增强，一开始我以为我仅仅是玩得很开心，把注意力从学校和生活琐事上转移开了。但事实证明，这就是大脑的运作方式，我们不仅仅是利用海马体来学习和接收数据，还会用它来储存情感记忆和经历，包括我们看电影和电视时看到的画面和经历的事情，这些东西都会在我们的大脑里留下印象。在某种程度上，甚至可以通过看到的这些画面想象我们的余生会是什么样子。

在我小时候，父母对我所看的电影或电视节目的内容把控非常严格。有很多题材他们都禁止我看，比如涉及脏话、暴力的电影和电视节目。因此，我错过了很多和同龄孩子一起去看某些电影的机会，当时我有很长一段时间为此难过不已。

现在，我也是一位母亲，有了自己的孩子。我明白了为人父母是多么微妙的一件事，我发现我们其实可以利用很多看电影和电视的时间去了解我们的文化和世界。父母想要控制他们的孩子看到和学习到的东西，是有一定道理的。但是，作为一个曾经被禁止看某些电影和电视节目的人，我必须承认如果其他人都能去看某一部电影，而你不能的话，你当时肯定会感觉非常沮丧。然而我也没有魔法去改变父母的主意。所以我想表达的是：即使这件事在当时对你来说是件大事，但几年之后，你再回想起来，就会发现它其实也没那么重要。我希望你能相信我！没必要因为一件小事长时间沉浸在悲伤之中。

我经常告诉我的孩子们，世界上存在着一些让人叹为观止的东西，一旦你看到它们，就会被它们深深吸引。现在你对海马体有了一些了解，我相信你会认同我的观点。你还有很多时间，去很多地方，去收获很多奇妙的经历，你的大脑也明白这一点。

每个人对不同事物的敏感程度都不一样。你有没有在看一部电影或一个电视节目的时候，因为某些悲伤的情节而落泪，但是和你一起看的朋友完全没有反应？你是否曾在电影或电视上看到过一些使你心烦意乱的东西，甚至会引起胃疼，但其他看的人毫无感觉？你是否在新闻中看到过一些画面，它让你感到恶心，但和你一起看的那个人却感觉还好？这些都是因为人与人之间存在着差异。

为什么我们会表现出这些不同？有一部分是遗传因素。

我们不仅遗传了父母眼睛和头发的颜色，还可能遗传他们的身高，同时也会遗传他们处理情感信息的能力和方式。有些

少看屏幕，多与外界接触

经过多年的研究和分析，美国儿科学会(American Academy of Pediatrics)正式宣布：每人每天对着屏幕的时间应该控制在两个小时以内。当我们总是面对着屏幕，而减少与外部世界接触的时候，就会把体育活动、社交互动和学校作业放到一边。你可以做个小小的实验，记录下你每天在电脑上或电视机前花的时间。想办法减少你待在屏幕前的时间，用更多的方式去感受生活。我相信不久之后，你将会为自己生活状态的改变而感到惊讶！

人的适应能力很强，他们不太受情绪的影响。而有些人则相反，他们更敏感且容易受到情绪的影响。这两者没有对错之分，他们只是个性不同而已。

我们在看电影和电视时学到的东西是很重要的，而且有些可能很实用。父母的职责是尽可能地、合理地保护孩子，使孩子远离那些可能使他们难过或会对他们造成生理伤害的事。这大概就是你的父母不让你看某种类型的电影或电视节目的原因。他们可能知道你过去对类似事情做出的反应，他们觉得你还没有做好充分的准备去面对这些事情，他们希望你在储备了更多的知识，更加成熟的时候再去面对。父母会在自己认为正确的时间对孩子进行相应的教育，教会孩子们那些他们还没接触过的概念。

好好玩起来，这是想象力和创造力的跳板

虽然我的社交能力很不错，但在成长过程中，我和朋友在一起玩耍的时间并不长。记得有时候我会告诉父母我很无聊，但他们根本就不喜欢倾听我的诉求。我常常一个人在外面玩，后来学会了骑自行车，这让我感到生活有趣了一点。不过长大之后，自行车的吸引力就不像小时候那么强了。

当我进入中学时，我开始慢慢培养自己的兴趣爱好。也许在提到兴趣爱好时，你第一时间会想到一位坐在摇椅上编织的老太太，或者是一个在玩字谜的孤独女孩。事实上，兴趣爱好不一定是独自一人的，也可以和别人一起培养。兴趣爱好可以是学习一项新的技能，比如做手工艺品或演奏乐器，也可以是玩棋类游戏、收集漫画书或者是了解历史故事。

那么，我的兴趣爱好有哪些呢？我从幼儿园开始学习弹钢琴，直到今天仍然保持着这个爱好。我自己创作了一些曲子，但我最喜欢的还是弹奏那些我爱听的曲目，比如披头士乐队和阿黛尔的音乐。10 岁的时候，我学会了吹小号，后来还在乐队中演奏，吹小号的兴趣从小学一直持续到中学。16 岁的时候，我学习了低音吉他，在大学的时候还和几个乐队一起演奏过，但我是一个很害羞的人，没能坚持长时间待在乐队演奏。音乐

是一种很不错的爱好，也是宣泄情感的极佳渠道。此外，大脑在学习音乐的时候有可能会发生一些令人惊讶的改变。音乐能力还与高等数学能力有关，也与创造力有关。学习乐器从来都怕不晚，因为几年前我在出演《生活大爆炸》的日子里还学会了弹竖琴！

我的另一个爱好是缝纫。我是由妈妈抚养长大的，她懂得如何缝纫——她的父母都是裁缝。妈妈通过教我用不同的针法去缝制衣服以及如何为洋娃娃做毯子和枕头等，把她对缝纫的热爱传递给了我。在我看来，妈妈教给我的东西是无价的，她教我数学、几何和色彩理论，她知道怎么让学习的过程变得很有趣。小时候最令我难忘的就是和妈妈一起学习的时光，不仅仅是学会如何缝纫，我还从她身上学会了很多我不知道的事。和他人一起学习是很愉快的事情，我们在学习技能的同时也学会了和他人互动，以及更清楚地了解了自己的喜好。

虽然随着年龄的增长，我不再玩洋娃娃了，但我对缝纫和手工的热爱并未消减。我在青少年时期就会为自己和朋友制作项链和手镯，我常常从一些流行的事物中获取灵感。那时我在社区找到了一家珠子商店，并向那里的员工学习。我会串珠子，会用钢丝线做出复杂的造型，还会加上扣，使我的项链和手镯看起来更精致，更有设计感。

我还有很多其他的爱好，比如画画、制作桌垫、学习书法。我和我的孩子们还曾经尝试做毡制品，用一根针把一团羊毛毡变成有趣而精致的形状，比如做成动物，甚至可以做成人的模样。

我最近开始用环氧树脂做镇纸，还在上面加上了珠子、花和漂浮的亮片，可漂亮了！

兴趣爱好将你的学习技能作为想象力和创造力的跳板。你的大脑会因新事物的刺激而兴奋，你也能吸收到一些新的学习方法，它们看似简单，但只要你善于发现和创新，就会收获很多乐趣。

我们的大脑是用来学习如何生存，如何与他人交流的。我们在学校学习的方式可以影响甚至改变我们的生活，我们学习的知识让我们更强大、更聪明、更能轻松自如地应对突发状况。

在我们的成长过程中，我们会学习如何进行体育运动，如何理解自己获得的信息，以及如何把自己的快乐分享给身边的人，这些都完美地展现了人类奇妙的独特性。我们是学习型生物，我们是富有创造力的生物。从现在开始，试着养成良好的学习习惯，合理利用空闲时间，学习新的方法来挖掘自身潜能，时刻准备迎接新的挑战，让自己成为一个全面发展的人吧！

我的物品

以下是我一直以来制作的一些有趣的手工品。

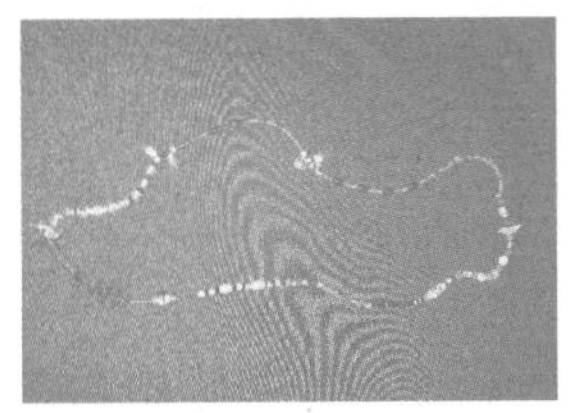

这是我在一个精品店里看到一条价格昂贵的项链后自己动手制作的项链。我记得售价是100美元，我知道我买不起，所以自己动手做了一条。我用很少的钱，就获得了一条漂亮的项链！

这是我妈妈给我的洋娃娃做的一条毯子。我的孩子们在小时候，会给洋娃娃们盖上这条小毯子。

这些都是我家人做的罐垫，现在，我和妈妈仍然喜欢做这些。她曾经把12个垫子缝在一起做了一张地毯。

这是我做的一个镇纸。我做这个镇纸用了臭烘烘的、黏糊糊的树脂，过程挺烦琐的，所以你如果想做镇纸的话，最好找个大人帮忙。不过，不得不说这真的很有趣！

这是我和孩子们一起做的第一件毡制品：一个戴着耳罩的小雪人。它是不是很可爱？

第四章

爱是什么？怎样去爱？

关于生命与情感的真相

不急于做决定

听从内心的声音，并按照自己的步伐前行

人类最不可思议的一点是：我们作为哺乳动物可以与其他哺乳动物建立起亲密的联系。试想一下，地球上有成千上万种动物，却只有我们能做到这一点。

而单纯从人类的角度出发，我们的亲密关系是由和人的亲密程度来决定的。我们能与父母、兄弟姐妹和其他家庭成员，以及朋友和恋人建立亲密的关系。

那么亲密关系具体是指的什么呢？当你听到“亲密”这个词时，你可能立马想到的是恋人关系，或者是夫妻关系，而实际上亲密关系是一个广义的术语，它指的是双方建立起的一种极其密切的关系，这种关系会让我们愿意和对方去分享自己不为人知的秘密。一旦建立了亲密关系，也就意味着我们让自己在这段关系中变得脆弱，对方也是如此。亲密的关系让我们能够重新认识另一个自己，在这个过程中，我们变得更有耐心、更热情和更富有同情心，并学会了欣赏他人。亲密也意味着我们能够以一种有意义的方式去和他人接触。

谁是你“最好的朋友”？

我们拥有的人生中第一段亲密关系是与监护人之间的关系，对大多数人来说，监护人指的就是父母。但也有些孩子是由祖父母、哥哥姐姐或其他家庭成员抚养长大的，还有一些孩子则是在保姆的照顾下长大的。无论监护人是谁，那个给我们换尿布、喂我们吃饭、给我们洗澡的人，也就是我们小时候经常接触的人，就是与我们建立起第一段亲密关系的人，在某种意义上来说这也是最重要的亲密关系。

尽管我们可能不太记得我们刚出生时发生的事，但是人们对我们说话的方式、抱着我们的方式，以及满足我们需求的方式，的确对我们的成长产生了很大的影响。婴儿需要看护者理解自己为什么哭，他们希望在自己无助的时候，有人可以及时伸出援手帮帮他们。有时婴儿的哭声是在告诉人们“我饿了！”，有时想表达的意思是“我的尿布湿了，已经变软了，需要换一块了！”，但有时他们又想告诉他人“我现在感觉很孤独，快来抱抱我！”。因此，即使是还不会说话的婴儿也是需要被人理解的。我们对他人有一种与生俱来的信任感，相信总有人会理解我们，帮助我们，并且能满足我们的需求。这种信任感实际上也是所有良好关系的核心所在，即便我们在年纪很小，甚至对所有事

情还没有什么印象的时候，这种信任感就已经存在了。

随着年龄的增长，我们和那些养育我们的人建立起了重要的关系。对许多人来说，与父母、兄弟姐妹和其他家庭成员的关系是人生中的主要关系。读书后，我们会开始结交新朋友，和同龄人建立起新的关系，而且会发现自己想要去接触那些有共同爱好的人。我们希望彼此之间能有共同话题，而且我们开始向人们诉说我们的梦想、心愿，甚至是内心的恐惧。这些新构建起来的关系是紧密而重要的，也就是我们所说的亲密关系。

生活中我们讨论最多的一种亲密关系就是与好朋友之间的关系。最好的朋友通常是我们最亲近的人。因为我们彼此有着许多共同之处，我们可以告诉对方任何事情。最好的朋友陪伴你度过了最激动人心、最具挑战性的成长期。在十几岁的时候，我们能清楚地知道谁是最值得依靠的人，但随着时间的推移，我们关于什么是“最好的朋友”的定义也可能会发生变化。这是正常的，我们必须明白，在人生的旅途中会出现各种各样的人，他们会和我们一同前行，但每个人也扮演着各自生活中的其他角色。最好的朋友应该是我们可以完全信任的人，可以毫无顾虑地分享彼此的秘密，有着相同的人生观和价值观。最好的朋友会互相支持，即使有时他们并不同意对方的观点，也仍然会很关心对方。能找到一个最好的朋友是件非常幸运的事情，但如果你暂时还没有，那也没有关系。要知道，还有很多的方法可以拉近人与人之间的距离，你也可以通过和不同的朋友交往来收获很多份友谊。

怎么识别真心朋友？

有时候友谊会让人感到困惑。我们可能会遭受朋友的背叛，然后开始怀疑是否存在真正的友谊。以下是你可能会遇到的一些关于友谊的问题。如果你对这些问题的大部分答案都是肯定的，那么你需要重新定义你们之间的友谊，来保护自己在这段关系中不受伤害。

· 你的朋友会把你让她保守的秘密告诉别人吗？

· 你是否有这样一个朋友，她似乎对你拥有的东西更感兴趣，比如想坐你的车、想用你刚买的新耳机或者喜欢在你家里的泳池里玩耍？

·你是否感觉她在你们单独相处的时候是一个样子，但当有其他人在场时完全又变成了另外一个样子？

· 她是否试图强迫你做一些你不想做的事情，比如吸烟、吸毒、酗酒或其他危险的事情？

· 如果你不事事对她言听计从，她会用结束这段友谊来威胁你吗？

· 你的朋友是否会有戏弄他人的行为？即便她知道这么做是错误的，也要你跟她一起去做？

·你的朋友是否总是故意向你透露一些她和其他朋友的计划，就为了让你觉得自己被她冷落了，让你心生嫉妒？

·你是否在你们一起出去玩的时候感觉很奇怪或者糟糕，却说不出具体是什么原因？

如果上述这些问题发生在你的身上，那么你可能需要和一个值得信赖的成年人谈一谈，去了解真正的友谊应该是什么样子的。

在你的一生中，人际关系是在不断变化的。小时候，我经常和哥哥一起玩耍，做了很多有趣的事。但随着年龄的增长，他的兴趣爱好不再和我一样，我们相处的时间变少了，相处模式就是普通兄妹那样，这也没什么不好的，是一种很自然的变化。小时候，我和爸爸妈妈的关系非常亲密，但当我交到朋友并找到自己喜欢做的事情之后，我和他们相处的时间也减少了，和朋友们一起在房间阅读或玩耍的时间增多了。这些变化也是正常的。

人际关系的改变是有利于我们成长的。与家人和朋友的亲密关系，让我们不改初心，随时可以找回原来的自己。我感觉自己成年后，比小时候更需要哥哥，尽管这些年来，我们也没有表现得特别亲密。但我们可以一种全新的、更重要的成年人的方式来继续我们的联系。

我们与家人和朋友之间的亲密感是弥足珍贵的。在成长过程中，它不断地为我们下一段亲密关系奠定基础。

当然，随着年龄的增长，还有一些人会和我们建立起一段浪漫的亲密关系。

奇妙的心动体验

写这部分的时候我还是会偷偷脸红的，作为成年人，谈论浪漫仍然是一件令我害羞的事。我还记得在我十几岁的时候曾有过很多次心动的感觉，成年后，我仍然会有心动的体验——其实不管你年纪多大，都还是会有心动的感觉，这是人类的一种本能反应。当你对某人心动的时候，你会感觉开心、兴奋。可一靠近他，你又会觉得很紧张。

心动意味着我们的大脑和身体开始喜欢上一个人，想近距离和他接触。心动往往是从我们觉得某人很可爱、有趣，或者非常酷开始。心动是恋爱关系的最初阶段，如果你从对某人心动的感觉开始慢慢发展，然后你们两人开始进行约会，那么你们在约会中所发生的事情都可以算是恋爱关系中的一部分了。

·出汗，尤其是手掌和腋下。

·口干舌燥。

·脸颊发热、变红。

·心跳加速。

·不知道如何组织语言，紧张得口吃，甚至有时还会出现胡言乱语的情况。

·感觉迷失了方向，仿佛世界上除了彼此没有其他人的存在。

以上这些反应都是你被某人吸引时所产生的正常反应。神经系统向身体发送了信息，表明你正处于兴奋状态。当这种情况出现的时候，一种叫肾上腺素的激素会从大脑中释放出来，这加快了心率和血液流动，这也是你出汗、脸红和心跳加速的原因。你还有可能产生一种“飘飘然”的感觉，这是大脑的超负荷运转导致的，当有很多令人兴奋的信息同时向大脑传送的时候，我们就会产生这种感觉。当你被一个人美丽的蓝眼睛或可爱的雀斑吸引时，你的大脑可能会不听你的使唤，你甚至可能会感觉头晕目眩，这或许就是心动的感觉。

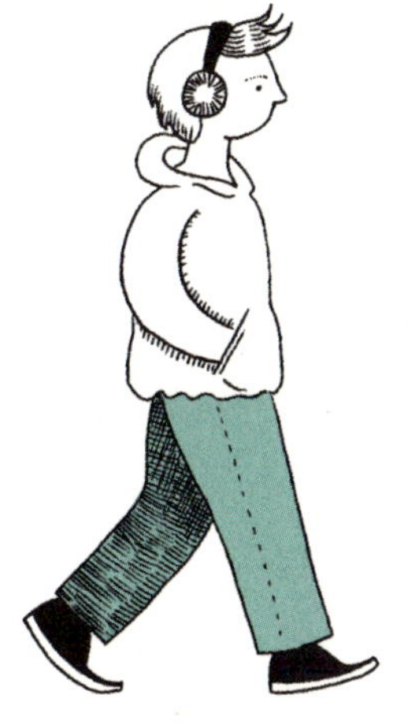

为什么会寻求心动的感觉？

当我们真正喜欢上一个人的时候，大脑就会释放一些特殊的激素，这些激素会让我们产生愉悦感。这也就是当我们喜欢一个人时，会想时时刻刻待在他（她）身边的原因。

血清素就是可以让我们感到愉悦的一种激素，当我们和喜欢的人在一起时，所产生的那种“飘飘然”的感觉，也与这种激素息息相关。如果你曾经为一个人欣喜若狂，你就会有所感触。当你看到喜欢的人时，另一种名为催产素的激素也会在体内释放，让你感觉胃里躁动不安。这种激素还作用于浪漫的生理过程，比如感觉胸口和生殖器发热的反应也是被一个人吸引时可能产生的生理反应。但这并不经常发生，如果发生这种情况，也不用担心，这是正常的生理反应。

多巴胺是一种强劲的激素，当人们和很喜欢的人待在一起时大脑就会释放多巴胺。当我们完成了某件特别想要做的事情后，身体会释放多巴胺以示奖励，这就是奖励型多巴胺。它的释放，让我们感到愉悦、舒适。这种激素是非常特别的，因为它具有成瘾性，一旦我们尝到了甜头，就会想要更多地感受多巴胺带来的快乐。这也是为什么我们会一次次地去寻求心动的感觉的原因。

吸引力的秘密

怎么才能知道谁对我们有吸引力呢？我们该做哪些准备呢？这能提前做准备吗？

让我们回到浪漫的定义，想想从根本上来说是什么让一个人拥有吸引力？你眼中的吸引力是什么？

在中学时期，我和大部分女孩一样，都喜欢身材健壮、个子高、有肌肉的男孩，最好还有一头清爽的金发。还有很多女孩喜欢肤色黝黑、发型和穿着都很得体、喷着古龙水的男孩。

还记得我第一次产生心动的感觉是在八年级。那时他 13 岁，外表看上去骨瘦如柴，皮肤苍白。黑色的头发只修剪了一半，乱糟糟的，他看起来总是一副漫不经心的样子。或许他不喜欢照镜子，也从不喷古龙水。他叫米沙（Mischa），喜欢朋克摇滚，经常穿着一件皮夹克。我为他写过诗，送过花。课间和午饭时间我特意坐在走廊里，那时候我们之间大概只有 5 米的距离，一直到高中都是如此。我希望有一天他能注意到我，但很遗憾，他从来没有注意过我。

尽管米沙的外表和行为举止都不符合大部分女孩心中迷人的标准，但我却对他怦然心动，觉得他犹如星辰大海般迷人。他是那么聪明，那么有趣，做事的方式与众不同却丝毫不在意别人的眼光，这些都让我为他着迷。

讲述我对米沙的感觉是为了告诉你，吸引力是因人而异的。不可否认，某些特质的吸引力是得到人们广泛认可的，但还是会存在很多的差异，这取决于你生活的国家和年代、信仰的宗教传统和文化背景，以及你从电视电影上接收到的信息。就像每个人最喜欢的颜色和最爱吃的食物都是不同的，我们认为别人身上有趣和迷人的点也不一样。

此外，在美国被认为有吸引力的事并不意味着在非洲、中国、南美或者波利尼西亚具有同样的吸引力。世界上很多地方的人都赞美身材圆润丰满的女性，但是在美国，媒体却以瘦为美，即便那是一种不健康的身体状态。

事实上，吸引力并没有一个固定的标准，有时连我们自己也弄不明白为什么我们会目不转睛地盯着自己喜欢的人。有的人觉得内在美比外在美重要得多，有时我们现在觉得迷人的特质，要是放在几年前根本不会在意。吸引力不单单是指人体的生殖器官产生了反应，它包含的意义广泛得多。有时我们被某人的聪明和幽默所触动，不论他的外表如何，我们都会想要一直待在那个人身边。有时我们被某人迷人的身材所吸引，并深陷其中无法自拔，但是当我们发现他待人刻薄无礼时，他就会瞬间变得毫无吸引力。感谢上天，这些感觉都没有固定的标准。即使没有人明白我为什么对米沙产生爱慕之情，那也是我人生中一段特殊的时期，我拥有和感受到了与别人不同的经历。我很庆幸当时我没有被他人的意见左右。

与众不同的“约会宝典”

现在我们对吸引力有了更多的了解，也知道了它对我们的身体和大脑有什么影响。接下来就让我们再来谈谈当别人喜欢我们之后会发生什么。大多数情况下，双方互相吸引的下一步就是开始约会。约会对不同的人有着不同的含义，因为大家生活的环境和所处的文化背景都各有差异。

约会意味着专心和我们喜欢的人共同相处一段时间，但在很久以前，爱情或者喜欢某人并不是约会的必备条件，我知道现在听起来似乎有点奇怪。曾经有的父母为了彼此家庭之间的约定，在双方的孩子还很小的时候就为他们定下终身姻缘。有时婚姻只是被双方父母当成一场商业合作，女性被当作是一种财产，她们没有权利去决定自己要嫁给谁。如今，世界上还有很多人仍然把包办婚姻作为夫妻结合的主要方式。除此之外，人类历史上有很多时期，男人们可以拥有三妻四妾，直到现在仍有一些地区允许男子拥有一个以上的妻子。

大部分人可能会在学校、社区活动、课外活动或朋友游玩中遇到未来的恋人。在我中学时期，我花了很多时间在商场、游戏厅或者朋友家里和她们一起讨论让我心动的男孩。但是智能

手机和社交媒体的出现，改变了传统约会的方式。你可以通过网上的介绍去了解对方，这种方式在我那个时期是没法使用的。这些改变的好处很多，但是也存在着许多弊端。

你或许会认为你的父母非常死板和保守，接触不到新兴事物。但你要知道，你和他们之间有一段将近30年的时间差。你们之所以在谈论约会时那么艰难，是因为这些年约会模式一直都在变化着。仅仅从你的父母以及我约会的时候开始，就经历了很多的变化。下面是关于约会的一个梗概，大概描述了约会曾经是什么样，现在又是什么样。在此我想强调的是，要充分利用好约会的改变，同时也必须学会应对约会时的潜在问题。

很高兴认识你

过去：你曾经的约会对象基本是社交圈里相熟的人：从学校到家庭的宗教活动，或是从运动队到你所属的社团。很可能你遇见的人，你的父母已经认识了。如果父母不认识，家人或是朋友圈里也可能有人认识。

现在：遇见别人有太多的方式了！除了在学校和课外活动中的相遇，你们还可以通过网络相识。社交媒体可以给你提供一个认识他人的平台，你们可以在评论区里相互联系。

预防性提示：在网上认识别人是一个扩展人脉和约会对象圈的好方法，但是要记住，人们在网络上展示出来的样子并不一定就是他们真实的样子。有时候，他们公然撒谎，隐瞒真实的身份、年龄和其他信息。他们的谎言就是为了让你对他们产生兴趣。除此之外，人们在网络上分享他们的信息，让我们觉得自己已经足够了解他们了，但是在现实生活里，我们根本不认识，根本没有真正的了解。

如何明辨是非：如果你通过网络认识了一个人，然后想要真正了解他是不是一个合适的约会对象或是好朋友，最好的办法就是和他见面，但是见面前一定要告诉你的父母，获得父母的同意。绝不能在大人毫不知情的情况下去和网上认识的人约会，还请记住要直接回绝那些要求你秘密去见他们的人。他们要求你对自己的父母保密，和这种人出去是非常不安全的。

约会的进展——求爱

过去：求爱听起来似乎是一个老土的词，当两个约会的人已经到了足够了解彼此的程度，就会进入求爱这一阶段。提起这个超级老套的词，我的脑海里就会浮现出 20 世纪 50 年代电视节目里播放的情节：一个年轻的男孩拿着鲜花来到女孩的家里，一边坐下和她的爸爸聊天，一边等待着女孩梳妆打扮。男孩必须给女孩和她的家人留下好印象，约会也应当经过精心的安排，以此来表明男孩真诚的态度，证明他希望能和这个女孩天长地久地在一起。最后，男孩会获得女孩父亲的允许，将女儿嫁给他。

男孩和女孩约会，向女孩求婚都需要得到女孩父亲的允许，这听起来似乎太过时了，甚至有点荒谬。但是求爱要经历这些过程是有道理的，因为了解一个人是需要时间的。如果你想要和对方建立一段可靠的关系，你就需要花时间和精力去了解你们如果一起生活会是什么样子的，要让对方看到你更多的方面。在建立起亲密关系或恋爱关系之前，你们都需要时间去建立彼此的信任。这其中可能包括牵手、接吻，以及性关系。求爱表明你的家庭可以了解你的约会对象，并且有机会和他相处。

现在：现在的约会和过去大相径庭！尽管现在有些男孩仍然会去女孩家里接她，并在带她出门之前和女孩的父亲聊一聊，但是现在大多数的求爱方式不再像过去那样正式。现在的求爱有时并不是真的在聊天，互相发信息和照片成了求爱过程最常发生的事。现在的许多人都认为约会不是为了认真建立一段亲密关系，而仅仅是为了让自己开心罢了。

预防性提示：人们对求爱概念的淡化导致了一个潜在的问题，那就是我们在还没有足够了解对方之前就开始选择无条件地信任他们。对方会说一些甜言蜜语，但我们并不能保证这是可信的，因为他们不一定会投入时间和精力来实现他们的诺言。我们很难去判断他们所承诺的内容的真假。

在谈情说爱的过程中，给对方发送照片是从前从未有过的行为。这在现在听起来似乎没什么大不了的，随着年龄的增长，你也许认为给约会对象发送性感的照片也没什么问题。毕竟我们看到很多名人都在社交媒体账号上发布他们自己的照片，有的照片只穿着内衣或是暴露的泳衣，有的照片甚至全裸。而现

什么是端庄?

大部分人认为端庄是指穿着的风格，可能会让你想到高领衬衫和信教的女性会穿的长衬衫。其实端庄的意思很广泛，它意味着保护自己私密和特殊的部分，既包括穿着也包括行为。Wendy Shalit 以此为主题写了一本很棒的书，叫作《回归端庄》(*A Return to Modesty*)，书里描述了许多和你年纪相仿的女性的行为举止与当今社会教给我们的背道而驰。其中有描写到有些女孩通过穿短裙和涂脂抹粉来展示自己女性化的一面，不过这种方式未必适合所有人。她在书中还提到有些年轻女孩为此发起了一项运动，呼吁服装店要为不同的女孩们提供更多的选择。她还深刻探讨了我们在网上分享自己信息的行为如何对我们的名誉产生负面影响，甚至会影响到我们的未来。我建议你可以去阅读她的书，相信会对你很有启发!

在很多年轻的女性也都开始这么做，目的是吸引自己喜欢的人。

给对方发送性感照片或在短信里聊有关性的话题，会存在的问题是：对方可能一直保存着你的照片，即使当时答应你删除，事后也未必会做到。你发给某人的照片可能会被他分享给很多人，虽然这根本不是你的本意。有的人也许会拿这些照片来威胁你，或是散播一些关于你的谣言。如果是这样，你将很难摆脱他们的流言蜚语或者根本没法去向他人解释。更为严重的是，有些人会将你的照片用在你不知情的地方，甚至可能是去干违法的事。“端庄”这个词似乎渐渐被人们忽略，越来越多的年轻女性选择在约会时穿着不那么“端庄”。

如何明辨是非：你和某人单独相处的时间越长，就越能知道你是否真心喜欢和他在一起。朋友或是恋人之间分享照片或调情确实很有意思，但是你一定要保证你们相处的时间足够长，确保对方值得信任。此外，老套的求爱在某些方面是有好处的，它能表明你值得某人付出时间和精力。这对双方来说都是约会之前非常重要的步骤。你要与之建立关系的人，应该是你喜欢、能够信任并能够分享你的感受的人。而这些的前提是，你最好看看对方有没有在为这段感情付出努力。

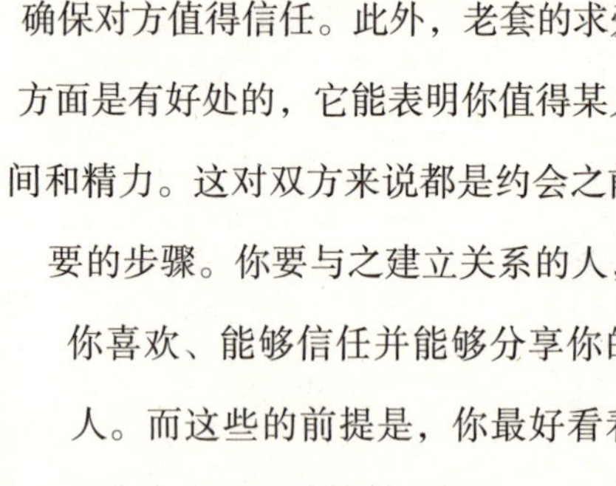

在书的第一章里，我们谈论过了女性身体的运作模式。我们知道了女性的卵巢会每月产生一个卵细胞，如果卵细胞和精子

结合，就会发育成胎儿。阴茎在一种叫作“性欲高涨”的兴奋状态下就会充血，性欲使得阴茎变硬，这种现象就叫勃起。女性性欲被激发时，乳头会挺立，血液会流入阴道，特别是阴蒂。勃起的阴茎进入阴道，然后通过射精的行为释放出精子。精子释放在阴道的深处，继而通过子宫颈进入子宫。男性每次射精会释放出无数的精子，它们的目标是要找到卵细胞并完成受精。一旦卵细胞完成受精，它就会植入子宫内部，开始分裂成形，并在九到十个月的时间里发育成一个胎儿。

一个生命在你的身体里孕育，这是一件多么令人兴奋和不可思议的事情！然而，生育孩子是一项浩大的工程，这需要父母双方为之付出大量的时间、精力和财力，并且要求双方都具备成熟的人格和能力来抚养和教育孩子。

现在，让我们来谈谈有关性的问题，以及当你某天要面对性关系的时候，需要做哪些准备。

过去：从历史的角度来看，许多来自不同宗教和文化背景的人一直会等到结婚后才会发生性行为。对于你的祖父母和曾祖父母那一代人来说，这一点都不奇怪。尽管这个想法现在听起来很过时，但是在过去很长的一段时间里，很多人都认为性关系必须在结婚之后才能发生。当然，在婚前就发生性行为的也大有人在。将性行为保留到结婚之后的一个主要原因是，女性如果发生性行为就很可能会怀孕，这是生物学上的事实。女性怀孕生子会对她们的生活产生很大的影响。大多数人是鼓励在婚后发生性行为的，这样女性在照顾孩子的同时也可以维持生计。很多宗教和文化曾经认为性行为是应该被禁止的，这通常是考虑到婚前怀孕的可能性。在某些宗教传统中，如天主教和一些东方宗教，它们的领袖会在某段时期甚至是一生都坚持禁欲，因为他们将性行为视为一种潜在的干扰因素。

现在：仍然有一些人认为婚后才能发生性行为，但在过去的 60 年里对于许多年轻女性来说，我们在如何看待自己和何时发生性行为的观念上有了真正的转变。这种转变的发生有很多原因，原因之一就是 1960 年避孕药的引入。避孕药可以阻止女性释放卵子，从而使她们能够自己控制怀孕的时间或是选择不怀孕。避孕药给世界带来了巨大的改变，我们还在学着理解这些变化。20 世纪 60 年代以来，女性已经改变了"守身如玉"的观念。

在 15 年之前很多女性觉得不正常的一些事，现在的很多女性会感到习以为常。过去，你的父母可能会犹豫是否应该在第一次约会时就接吻，现在我可以明确地告诉你，即便你还没决定是否要和对方约会，也是可以接吻的。就算双方都没有约会的打算，也是可以有一段暧昧时期的。

预防性提示：对我来说，直接劝说别人："不要和你不认识的人交往！""了解对方之前不要让他吻你！""订婚之前不要发生性行为！"是非常尴尬的。而且我知道对很多人来说，这些话都是没有意义的。事实上，每次你与某人进行身体接触，包括亲吻、触摸，或发生性行为时，你就是在对他们敞开自己的身体。即便我们只是亲吻某人时，我们也会产生相应的反应。

你是自己身体的主人

你有权对自己的身体负责。如果没有得到你的允许，谁也没有权利去触摸你、亲吻你或者和你发生性行为。“允许”的概念无关乎你的穿着、你和别人约会的方式，或者你同意和对方共进晚餐。“允许”意味着你认同某人做某事。性爱的发生必须建立在双方同意的基础上，如果你还不想和对方进展到某个程度，想在约会时改变主意，是没有问题的。当你改变想法的时候，应该得到对方应有的尊重。如果有人越界，你可以立即离开，即使你觉得这可能会伤害你们之间的感情，或者担心对方会捏造关于你的谣言，也必须在当时的情况下选择更好地保护自己。在一些歌曲和电视中总是会传递这样的信息：取悦男人是女人的工作。我可以非常肯定地告诉你，不是这样的。我们的职责是让自己快乐，如果我们不感兴趣或是认为自己还没准备好，保护自己不受某些事情的干扰是我们的权利。“不”的意思就是直接否定，它就是拒绝的意思。当你外出约会的时候，应当避免需要饮酒的场合，因为这可能会让你在晕头转向中做出冲动的决定，尤其是对未成年人来说，是必须牢记的一个原则。约会时提前做好准备，并且要记住你的身体由你自己支配和决定。

当你和某人发生性关系时，哪怕是接吻，也要记住这一点：性亲密意味着与人分享你身体中容易受到影响的部位，这种分享有时是致命的。举个例子，如果你吻了一个患有疱疹的人，而他也回吻了你，那么你就可能会感染疱疹。无论何时，只要任何人的嘴唇亲吻或接近你身体的任何黏膜(身体的任何开口)，你都可能被他们自身携带或他们从别人那儿感染的细菌所感染。

我们很多人都认为性行为是由情感而引发的。但是，如果你看了在MV、电视和电影中是如何谈论和展示性场景的，你可能会觉得发生性行为没什么大不了的，甚至不需要有太深的感情。有时，女性会在性场景中被描绘得很兴奋，而在媒体的报道中，越来越多的女性觉得产生感情和发生性行为是两码事。可以确定的是，性行为会对人们产生很大的影响，尤其是对女性。还记得我们之前讲过的激素吗？当我们发生性行为的时候，这些激素都是大量分泌的。尽管性是令人愉快的过程，但当我们和某人发生性关系时，也意味着双方关系的性质发生了改变。在发生性关系时，我们也可能会出现一些情绪：比如我们会感到自责，会觉得这不符合预期的设想，甚至会觉得对方并没有像我们希望的那样对待我们。可有一些年轻人，在还没有做好应对这些情绪的准备时就已经发生了性行为。

我们必须承认，性爱是一件很特别也很重要的事，大多数生活经验丰富的人都会告诉你，性行为最好发生在双方有一定情感基础的时候，而不仅仅是感觉当时应该发生性行为了，或是认为其他人都这么做了，就把它当作一种纯粹的生理行为。

与此同时，虽然性很重要，但是你没必要感到害怕。

尽管许多宗教传统对性持有否定的态度，很多父母也都非常严肃地看待女儿的性行为，这些没有错，但是性行为并不是邪恶的。它是可以与某人建立联系的一种美好方式。从个人的经验来看，我可以告诉你，最有意义的、最棒的性爱是建立在一种坚实的、健康的关系之上的，这包含着双方充分的信任、对彼此的需求以及足够的温柔与愉快。

如何明辨是非：身体天生就能让你感觉舒适，如果有一天你想要孩子的话，它就可以让你孕育孩子。你应该有舒适感，也应该有安全感。应该是由你自己决定发生性关系的对象、时间和地点，任何人都不能在你不想被触摸的时候去触摸你，或者做出某些让你感到难受的行为。

你必须远离那些强迫你做你不想做的事情的人。如果那个人坚持纠缠不清，不肯离开，请记住及时向你信任的人求助。最后再说一遍：

性是一件非常私人的事，任何人都不能替你做决定。

如果你决定要发生性行为，你必须知道，无论何时最好都要使用避孕套。避孕套可以防止你在与别人发生性行为时感染疾病，这些疾病可能会影响你今后的生活，甚至伴随你的一生。正确了解预防怀孕和性传播疾病的方法是非常重要的，你可以和家庭医生、父母或其他值得信赖的成年人谈谈。

有一些通过性关系传染的疾病可能无法根治，它们甚至会影响你的生育能力，后果非常严重。所以在选择性行为的对象时要慎重，就像我之前说过的，你在网上认识的、知之甚少的人是不可靠的，即使他们可能外表看起来很靠谱。你只有慎重选择做爱的对象，才算是对你未来的生活负责。

至于怀孕，也许很少有人会去全面考虑各种可能导致女性怀孕的情况。如果她们决定在高中或初中发生性行为，也是有怀孕的可能的。我必须强调：性关系会使你怀孕。如果使用得当，避孕套对防止怀孕非常有效。预防怀孕还有其他方法，但所有的方法都各有优缺点。有些人认为，如果只在安全期内发生性行为，就不会怀孕，这显然是错误的。如果你不想怀孕，最好的办法就是不要让精液进入你的阴道。精液是从阴茎里出来的，精液里的精子如果遇到一个卵细胞，就会孕育出一个婴儿。这就是事实。

避孕的方式

是否选择性行为是个人的意愿，选择避孕的方式也是因人而异的。因为男性的身体和女性的身体构造不同，避孕通常是阻止卵子与精子相遇的方法。综上所述，确保你不怀孕的唯一方法就是不让精子进入你的阴道。以下还有一些最常见的避孕方式。要记住，必须正确地使用避孕措施，它才能正常发挥应有的作用，而且没有一个避孕措施能百分之百保证你不会怀孕。同时记住，男性在射精前也会释放一些精子，所以不戴避孕套而在射精时将阴茎拔出，这不是一种可靠的避孕方式。

1. 避孕套。避孕套包裹住阴茎，以便阻止精子进入你的阴道。如果使用得当，避孕套是一种非常可靠的避孕方式。大多数避孕套都是用乳胶制成的，你最好选择使用含有润滑剂的避孕套，这样乳胶才不会让你觉得阴道不舒服。避孕套是通过在两个身体之间制造一个屏障来防止性传播疾病，这是只有避孕套才能提供的保护。

2. 避孕药。避孕药是医生开出的处方药，需要每天服用才能见效。避孕药是由某些激素组成的，它们会阻止卵巢将卵子送入输卵管。避孕药里的激素效果很强，可能会给你的身体带来副作用，包括可能会出现乳房疼痛和体重增加的情况，一些女性在服用避孕药期间还会感觉比平时更加情绪化。但有很多方法是可以避免服用避孕药带来的副作用的。与医生或你信任的女性谈谈，会对你很有帮助，不要害怕问得过多，要做让你觉得舒服的决定。有时，避孕药可以帮助患有经期痉挛和生理期情绪波动大的女孩。

3. 避孕贴和避孕环。 避孕贴就像一块创可贴，里面含有和避孕药中同样的激素，必须在固定的时间放置和移除，否则它就不起作用。避孕环插入阴道后它就会好好地待在那个位置。就像卫生棉条一样，如果放置正确，你就不会感觉到它的存在。用这两种方法带来的副作用往往比避孕药更小。

4. 其他避孕措施：IUD、激素注射和绝育。这些避孕方法更强效但也更为复杂，通常不推荐青少年使用。有的妇女选择在子宫内植入子宫内装置（IUD）。不过只要你想，随时都可以请医生移除。有些 IUD 会释放激素到体内，有些不会。IUD 会破坏卵子和精子形成胚胎的能力。还有一种避孕方法是激素注射，阻止卵子的释放。如果你确定以后不想要孩子，有一种方法那就是去做绝育手术，这可以让你的输卵管保持在一个“密封”状态，这样卵子和精子就再也不能相遇了。

不要急，慢慢来

也许有人在阅读完这一章后会想，她在说些什么？或者是，我现在还不想谈论这些事！我不想考虑性爱，甚至不考虑约会的事！如果是这样，也没关系。每个人成熟的速度不同，保持你自己觉得舒服的状态就很好。

我甚至不确定自己在像你们这个年纪的时候能不能读完这一章，我想我可能得等到高中毕业后才会读，我就是一个超级晚熟的人。

我的身体发育得很晚。我个子很矮，直到 16 岁我的身体才有人们口中所说的“曲线”。我在高中都快读完了才开始来月经。我对约会不感兴趣，就像前面提到的那样，我的初吻是 14 岁时在出演电视剧时发生的。在 17 岁之前，我没有过一段真正意义上的恋情，我从不随便约会。我也没有在夏令营或学校里与人交往。我只有过一段很长的感情经历，而且我坚信在感情中一次只能有一个忠诚的伴侣。

你可能会认为我并不了解约会，我没有权利发表言论，因为我年轻时对此一无所知。但实际上我只是没有参与其中，因为我认为当时还没做好准备去面对。当我知道在胡乱发生性行为以后可能会感染疾病时，真的吓坏了。说实话，我发现很多和我生活在同一个年代的人都多少有些乏味。当时我对任何的男生都不感兴趣，除了米沙，尽管当时他根本不知道我的存在。

事实上，我认为晚熟对我来说是件好事。尽管我当时由于听不懂很多玩笑和对话，显得与他人格格不入。但是从长远来看，这并没有对我的未来生活造成什么影响。

我不认为人们会因为和很多人约会而拥一段完美的爱情或婚姻，约会只是通往目的地的其中一条路。但你的人生并不只有这一条路，即使你在约会这条路上失败了，也不能否定你的整个人生，或许你在其他方面表现得更出色。假如有人说："如果你想成为一个接吻高手，就需要多练习。"记住千万不要相信他们。又比如有人会告诉你："做一个好恋人的唯一方法就是多谈几次恋爱。"这也是不正确的。

一个好的情人和伴侣会尊重你的感觉和需求，并想要一直陪伴你。你可以慢慢来，无论进展如何。

如果和你在一起的人让你感觉没有信任感或者你很不习惯你们的相处方式，这就是一个信号，预示着你们之间的关系存在问题。这时候你需要试着放慢节奏，不要急着做任何决定。

晚熟让我免于承受很多感情经历可能带来的伤害和心痛的感觉，不过经历过很多感情的人可以从中收获很多，这对她们来说也是有利的一方面。

作为一个非常敏感和脆弱的人，我也尝试过让别人喜欢上我，邀请我去约会，感受过被对方拒绝时的失望和沮丧，这些短暂的感情经历让我失去了对恋爱的兴趣。在中学时期，我花了很多时间学习、玩耍、听音乐和给朋友写信。

我还喜欢阅读和写诗，尽管有时会感到孤独，但是现在回想起来，我去尝试了那些我喜欢的东西和不喜欢的东西，并且也坦然接受了自己晚熟的事实。

所有晚熟的人可能都觉得自己错过了成长中的一些东西，或许表面上看起来是这样，但请相信我，每个人都在自己的时间里以自己的方式进步着。听从你的直觉，这才是最重要的。我们要相信最终我们都会到达目的地，你只需要尊重自己的直觉并按照自己的步伐前行。

如果在和某人在一起时，你感觉很糟糕，那就听从你内心的声音。15 岁的时候，我参加了一个犹太组织的舞会。当我和某个男孩慢舞时，他试图和我接吻，并把舌头伸进我的嘴里。于是我立马推开他说："我还没准备好呢！"我对他有些愧疚，因为当时我的态度很坚决，可能太过伤人。直到今天，我仍然觉得自己像个傻瓜，一想到那时我的做法仍然会觉得尴尬。但我认为每个人都要尊重自己的身体，如果对方的行为让我感觉不适，我就有权阻止他。如果你和某人发生肢体上或性方面的接触时，会感到恶心、讨厌或害怕，那就是大脑和身体在告诉你，应该及时后退，留给自己一些空间。从长远来看，你会很同意自己当时做出的决定。

在《生活大爆炸》中，我扮演艾米。她是一个晚熟的人，成年后才开始有性生活。艾米和谢尔顿约会好几年之后，他们才准备初吻，而艾米之前从来没有接吻过。但艾米认为耐心地等待谢尔顿做好准备很重要，这表明了她对他的爱。在节目的第 9 季，谢尔顿决定把发生性关系作为他送给艾米的生日礼物。

艾米非常震惊，当他们决定让彼此的关系包含性爱的时候，她和谢尔顿都很紧张。当时谢尔顿说了一句很贴心的话，他说："我们可以一起找出答案。"他们也正是这样做的。

我们都是通过不同的方式找出我们想要的答案的。我最珍视晚熟的一方面，是它给了我充足的时间来做决定，以及去衡量我的选择是否正确。我曾为自己的晚熟而感到羞愧，但现在我接受了这个事实，并且我收获了许多美好、欢乐和关于爱的体验。当我还是一个害羞、笨拙的女孩时，我从来没有想过有一天我也能收获这些。

学会去理解情绪和感知事物是成为成熟女性的一门必修课。只有充分了解你的情绪和感受是如何影响他人的，才能帮助你在生活中扮演一个合格的朋友、女儿、姐妹、女友或是妻子的角色。我们总是很难向他人敞开心扉，也不太善于通过行动来表达自己的情感。我希望这一章关于我们如何去爱的讨论可以帮助你更全面地去思考这些问题，这将会是你成为一名自信、健康的女性的第一步。

你需要全身心地投入，才能与人们进行更深刻的交流。

了解你的身体，相信你的直觉，不要因为某些事的影响而止步不前。这是你能送给自己和身边的人的最好礼物。

第五章

生活并非只有庆典

关于压力的真相

学会正视压力
慢慢去发现生活中
属于你自己的简单快乐

在从女孩成长为成熟女性的过程中，我不断发现生命中有许多值得庆祝的事情，生活在这个时代的感觉实在是太美妙了。

但是，生活仅仅只是一场盛大的庆典吗？生活中的一切都是美好的，一帆风顺的吗？

当我看电视、电影，或者在社交平台浏览时，我会看到很多充满正能量的事情和很多看上去生活非常幸福的人。我看到他们有着爱笑的家人、可爱的宠物、漂亮的房子、支持他们的朋友，以及甜蜜的爱情，这似乎是一种近乎完美的生活状态。人们在线上发布的内容展示了一个满是喜悦和成功的世界。但很遗憾，现实生活并非如此，当发生一些糟糕的事情时，我们会感觉伤心、不知所措。有时候我们会觉得，如果我们的生活没有别人那么幸福，那一定是我们自身出了问题。

心理学家和社会学家将以下事件定义为最具挑战性、最容易让我们感到压力的事情：

· 搬家。

· 亲近的人离你而去。

· 家人离婚。

· 家庭贫困。

除此之外还有:

· 和恋人分手或者和亲密的朋友吵架。

· 喜欢的人对你没有感觉。

· 因为与众不同而被他人嘲笑或欺负。

· 升学。

· 与兄弟姐妹或其他家庭成员的关系僵硬。

· 有家人参军。

· 听到糟糕的新闻。

尽管这些事情带给人们的压力并不像死亡、离婚、搬家或金钱问题那么沉重，但它们仍然会给我们的身体和精神上造成很大的负担。

压力是什么？

那么压力到底是什么？它有什么作用？它是怎样影响和改变我们的呢？

物理学上是这样解释压力的：在一张摇摇欲坠的桌子上再放一个保龄球，那么保龄球作用在这张桌子上的力就是压力。情感上的压力也大致如此。当我们面临一项艰难的挑战时，我们就会感到压力。压力会影响我们的身体和大脑，以及我们生活中的其他方面，即使这些方面与我们面临的挑战并没有直接关系。因此，一件事带来的压力会引发一系列的连锁反应，长此以往，你承受的压力会越来越大。

有的压力是生理上的，比如一只看起来很有攻击性的恶犬正在向你靠近，你恐惧的同时会感到压力正在逼近。有的压力则会影响你的感情和行为，比如失去心爱之人给你带来的影响，很可能会伴随你的一生。当我们在承受心理上的压力时，大脑会得到这样的信息：发生了一件值得注意的事情，我们必须立刻采取行动。大脑中有个部位叫作杏仁体，它的作用是负责让我们感到恐惧，并且告知我们当发生可怕的事情时，我们的身体应该如何应对。假如一只恶犬在向我们靠近，大脑中的杏仁体就会受到刺激，它在接收消息后会与大脑的其他部分进行交流，让身体做出保护措施以免我们受到伤害。

当你的大脑接收到你即将遭遇危险的信息后，它会负责命令你的身体选择战斗还是选择逃跑。与此同时，身体会向肌肉输送额外的血液，这样我们就可以利用肌肉来保护自己。大脑将信号发送到心脏，心脏泵出额外的血液，提高我们的心率和血压。大脑也会将某些激素注入血液中，比如补充能量的肾上腺素和提升我们自信心的内啡肽。这些激素的含量和流向心脏

的血液量会增加，这也是当你受到威胁时会感觉头晕目眩的原因。这跟你心动时的身体反应类似，但是刺激反应产生的原因却大不相同。

因此，我们的身体将压力视为一种威胁，并且需要通过两种方式来解决：抵抗或逃跑。

下图是大脑中某些部位以及各自职能的图示。

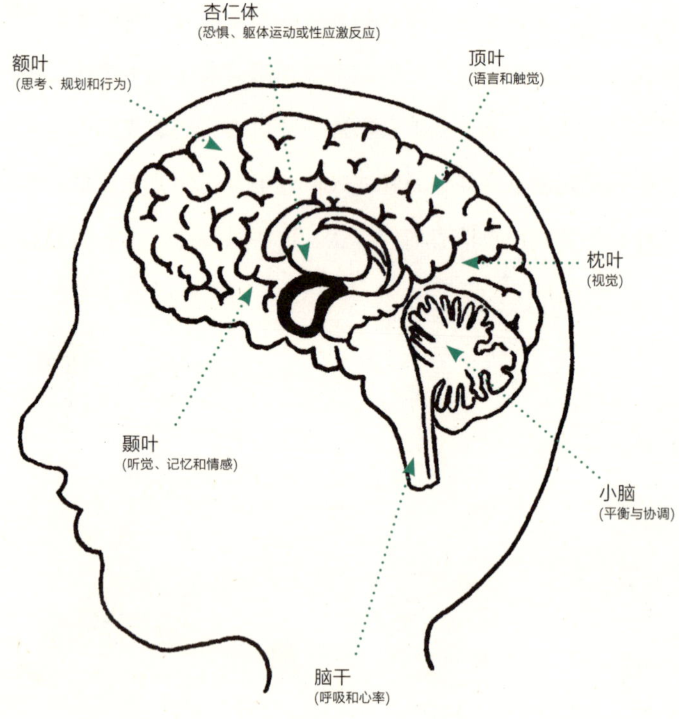

那么我们的大脑和身体又是怎样处理情感压力的呢？对大脑来说，情感压力实际上与身体受到的威胁大同小异。当我们遭遇到情绪上的威胁或压力时，大脑就会收到一个信息：有紧急的状况发生了！尽管这与恶犬向你靠近的情况不同，但大脑仍会向身体发出信号来保护我们，以免我们受到情绪的攻击。

当我们面临情绪或心理压力时，不管这种情况持续多久，大脑总是在尝试给予我们支持。例如，你的爱人正在军队服役时，你就会产生非常强烈的情绪波动。你可能每时每刻都在想念他，你会为他担心，会特别留心相关的新闻报道，以便了解他所驻扎的地方是否安全。这些发自内心的关心也会给你带来压力，你的大脑会在很长一段时间内保持警觉状态，这种状态会一直持续到你的爱人从军队归来。这不是短暂的压力，而是一种长期堆积的压力。

大脑的神奇之处就在于，无论是在学习方面还是生活方面，它都可以为你提供支持。这样就不会让压力长时间占据你的生命。大脑可以一次处理多件事物。它允许我们一心多用，你可以在完成学校任务之后去参加聚会以及处理一些日常的琐事。

大脑的这种特性让我们在面对压力的同时，也可以去享受其他美好的事物，以更好的心态去面对生活。

每个人的大脑都存在着细微的差别，因此，每个人面对压力的反应都不同。对有些人来说，宠物的死亡可能会让他们痛苦一周，但那之后他们又能回归到正常生活，不会长期受到影响。而对另一些人来说，宠物死亡带来的痛苦可能会伴随他们很长一段时间，他们会难过好几个月甚至更久。这些不同的人对同一件事产生的不同反应都是正常的。

人们面对压力所产生的反应上的差异取决于很多不同的因素。其中很重要的一个因素就是遗传，以及你可能会从父母身上继承下来的某些性格特征。因此，环境和家庭会教你怎样理解情感以及如何处理情感问题。你的反应还取决于你所掌握的应对事物的方法，比如你可以用一些情感技巧来帮助你渡过难关。值得一提的是，压力是可以累积的，这意味着当新的压力发生时，它们会连同你之前没有完全克服的压力一起爆发。因此，我们应该及时地化解压力，避免压力越积越多。

压力的后果

如果我们处于紧张的情况下，特别是压力持续了一段时间或是我们很难找到应对压力的方法时，我们的身体可能会发生以下一些变化。

·改变身体的状况

我们的体重可能会减轻或者增加。因为有些人在压力下吃得比平时更多，而有些人则茶饭不思。

我们可能会时常感到全身疼痛或者觉得身体非常的疲倦。

我们可能会发现自己很难集中注意力或认真地思考问题。

·产生悲伤的情绪

我们可能会感到绝望，对以前喜欢的事情也失去了兴趣。

生活仿佛是多余的，我们什么事都不想做，甚至连起床或穿衣服对我们来说都是件苦差事。我们可能还会觉得连走路都像是在泥泞中跋涉。

·产生愤怒的情绪

我们可能会感到暴躁不安，即使没有明显原因或者根本毫无征兆。

我们可能会想要伤害自己或他人，乱扔东西甚至打碎东西。

这些症状和感觉都是身体和大脑在面对压力时的反应。随着时间的推移，这些感觉会变得越来越强烈，除非我们及时找到应对方法，否则我们在身体和精神上都会受到很大的伤害。

悲伤是如何演变为抑郁症的？

体重的突然减轻或增加，且伴随着长期的疲惫感、无望感，且对事物失去兴趣，这些情况的出现都有可能是抑郁症的先兆。抑郁和悲伤是不同的，如果你感到悲伤和绝望超过两周，就要去找医生、父母或你信任的老师谈谈，告诉他们你可能是患上抑郁症了。此外，如果你发现自己在没有压力的情况下也时常感到非常悲伤，那就试着找人倾诉。在抑郁症的早期，与人交谈是非常重要的，这样可以避免抑郁症的加重。

主动出击，应对压力

在面对情感压力时最重要的一点是，你要相信一切都会好起来的，良好的心态是非常关键的，即使眼下你还没有找到完美的解决方案，也不要自暴自弃。说到应对压力的方法，生活中有很多人都不知道如何以正确的方式去应对情感压力。相反，我们可能会采取一些错误的方式来逃避现实。

愤怒

压力会使人感到愤怒，可愤怒并不能让压力消失。不过，有时候你也可以把愤怒当成一种有用的情绪。当一些不对劲或是令人沮丧的情绪向你的身体发出信号时，愤怒就可以激励我们去采取应对行动。值得注意的一点是：情感压力并不会因为愤怒而消失。

有时候，人们会对他人大喊大叫，恶语相向，甚至动手打人，试图以此来发泄自己的怒气，缓解自己的压力。事实上，这并不能减少压力，反而会使压力增加，即使可能发泄完的那一刻你觉得倍感轻松。要知道虐待他人或是对他人发泄你的愤怒并不是一种正确可取的方法，这么做甚至会让你感受到更多的压力。所以如果你面对巨大压力的时候，先试着深呼吸，放松心态，再来思考其他的方法来应对当前的困局。和信任的人聊一聊你所面对的情况是有很大帮助的，而且大多数人都会有愤怒的情

当愤怒演变为暴力

不管他们是你的父母、兄弟姐妹还是朋友，他们都不应该以你做错了事或者你惹他们生气了为理由殴打你或伤害你。如果你在家里或在任何一段关系中受到了伤害，就应该勇敢地站出来反抗，保护好自己。

如果你遭受了虐待，或者知道某个人正在遭受虐待，千万不要犹豫，立刻去向一个值得信任的成年人寻求帮助。

绪，所以你也不用对自己的“易怒”过于愧疚。

错误地分散压力

有的人会选择沉迷网络、酗酒甚至吸毒来逃避现实。这些事情只是暂时分散了你的注意力，实际上它们并没有帮助我们摆脱痛苦。相反，长此以往，你对酒精和毒品的依赖性会越来越强，这不仅会危害你的身心健康，还会毁掉你的人生。在电视机前发呆有时可以让我们暂时摆脱压力，但这也不是一个长久之计，我们无法借此摆脱情绪对我们的控制。

当你的身边有人酗酒或吸毒

药物和酒精会给大脑带来很大的刺激，即便你只接触了一次。它们会激活大脑中的某些化学物质，通过操纵大脑的正常运作来使你产生幻觉。这就是为什么有人在酗酒或吸毒时会感到前所未有的轻松和快乐，有时还会昏昏欲睡。一旦对毒品和酒精上瘾，会使你无时无刻不想再去触碰它们。这种上瘾的感觉会让你头脑混乱，做出很多过激的事，这会毁了你的一切。如果你觉得自己已经完全离不开药物或酒精了，那就要尽快向值得信任的朋友或医生寻求帮助。

正确地应对压力

如果愤怒、酗酒、吸毒和沉迷网络都是错误的解压方式，那么什么才是正确的解压方式呢？

实际上，我们可以有很多的选择。第一个实用的办法就是学会在面临压力的时候信任别人，不要把自己孤立起来。压力和悲伤会在黑暗中滋长，我们必须把它们从我们内心深处驱逐出去，让阳光普照我们的心灵。或许，一遇到问题就去寻求和依靠他人的帮助，有的人对此会感觉不好意思。但你要相信，我们生活在集体环境下，为的就是能相互了解，互相帮助。在这个集体中，有你的家人和朋友，他们会及时出现，向你伸出援助之手。如果你们曾一起经历过自然灾害，比如火灾、洪水、地震或龙卷风，你也许就体会过人与人之间的互帮互助。你有没有观察过人们是如何互相帮助的？其实不仅仅是消防员和警察之间需要互相协作，群体成员也应该如此。

不要害怕与他人分享你的感受。如果你觉得和家人聊天感觉不是很自在，就找你信任的学校辅导员或老师。有时候，朋友的父母也会是很好的倾诉对象，你也可以找他们好好聊聊。

另一种应对压力的方式是多参加一些集体活动。你的父母有没有让你在感到压力的时候去参加宗教仪式？你可能不太乐意，但是父母的建议是有一定道理的。之所以鼓励你参加宗教活动，是因为他们希望你可以在活动中与他人相处，不用独自面对那些艰难的事。

通过这些，我们开始更加明白什么样的人或者事能帮助我们缓解压力。

几千年来，人们创造了许多仪式，这些仪式能引导人们正确地面对压力。所以即使不想加入有组织的团体，他们的一些做法也会在某些时候为我们提供帮助。

以下是人们总结的对压力过大的人可以产生一些好处的仪

式和方法：

·**互帮互助**。你会在露营的时候想家吗？你会因为学校的事情而烦恼吗？当你面临这些问题时，可以试着加入到群体中，群体中的小伙伴会让你感觉不再孤单。他们会提出一些合理的建议来帮助你分散注意力，并让你能更好地理解自身的感受，而不是试图自己去面对所有的难题。举个例子：在一个关系紧密的群体中，如果有成员的家人亡故或者婴儿降生，群体中的其他成员会马上站出来提供帮助，这样成年人就可以专心工作而不用担心没人做饭或没人照顾孩子。当你面对压力时，试着向周围的人诉说，并听听他们的意见是非常有益的。

·**走出死胡同**。当我们感到压力时，就会觉得压力已经占据了我们整个思维。在安静的环境中参与一些分享会，能让我们改变这种想法，并开始在大脑中尝试接受一些新事物，把专注力转移到了压力之外的事情上。这种专注力的转移有助于大脑慢慢去适应压力发生的变化。因为我们在短时间内感受到的悲伤、沮丧、绝望或愤怒的情绪，也会在你的大脑中形成一种思考模式。如果有新事物介入的话，大脑也能慢慢走出这种糟糕的思考模式。

·**祷告就是一种倾诉的方式**。即使你不相信上帝，也能从祷告时那段安静的时间里受益。祷告的内容是多种多样的，但给人的总体感觉就是：我们在为心中所想而感谢。在默默感谢的过程中，我们会发现我们还是拥有很多美好的东西，即便眼下我们遇到的情况可能有点糟糕。这就能把我们的思维从“一切都糟透了”渐渐转变成“或许并没有那么糟，我还有很多值得珍惜的东西”，这一个良好的开端，会帮助你的大脑摆脱面对压力时的恐惧。

·**冥想可以缓解压力。**许多文化传统将冥想融入到了他们的实践中，尤其是在东方。如果你把祷告当作是说话，那么冥想就是倾听。冥想的方法有很多，但其基本的理念是：放下你手头的事情，找一个安静的空间去思考，缓慢而平静地进行深呼吸。这里列出一些冥想的方法：倾听别人向你解说如何进行呼吸练习，或者你慢慢坐下，试着不让某一种思想在你的脑中停留太久。还有一种在散步时冥想的方式，你需要走得非常慢，所走每一步都要经过仔细的思考。这听起来是不是很有意思？更有意思的是，科学研究表明冥想可以提高免疫系统的功能，并能减少焦虑和抑郁，所以对你来说冥想是双赢的选择！

另一种健康的处理压力的方式是生理方面的，并且是有效的。它不是压抑自己愤怒的情绪或者使用暴力来发泄愤怒，而是通过做练习、进行训练或让自己处于竞争状态来消耗能量，以此帮助我们释放压力

和缓解紧张。运动员有时会把训练时的状态称作巅峰状态。而当身体真正开始运动时，你也会感到兴奋。对于我们这些常常受情绪控制的人来说，体育运动是一种健康、安全的解压方式，并且可以帮助我们燃烧掉多余的能量。当压力很大的时候，我会选择轻快地散步或慢跑一会儿，我甚至可以感受到每走一步，消极的情绪就会减少一点。当然，也不是说运动员就没有压力，但运动的确是消耗能量、缓解压力的绝佳方式。

用健康的方法让大脑摆脱压力，就会鼓励你的大脑向身体发出保持冷静的信号。然后那些会让你感觉到快乐的激素会让大脑被唤醒。一旦大脑开始释放那些快乐的激素，比如血清素和多巴胺，它们就会开始吞噬掉大脑和身体中所有悲伤的情绪。

释放这些快乐的激素好处在于，大脑会对它们上瘾。一旦大脑感觉有一点点好转，就会让你振作起来，最终让悲伤的情绪越来越少，而你的感觉也会越来越好。

独立应对压力

有时你会觉得自己已经处在特别艰难的时期了，还要耗费精力去与他人相处，感觉会更加糟糕。想要独处是很正常的，我们都有独处的权利，特别是当我们在为了学习或工作奋斗拼搏的时候。独处时间是学习应对压力的一个非常重要的部分，所以一定要充分合理地利用好这段时间。

那么，如果你周围没有集中的人群，或者你不想和其他人待在一起时，还有哪些能缓解压力的小技巧呢？事实上，比你想象中要容易得多，你甚至不需要离开卧室。很多情况下，家里的一些物品就能很好地帮助到你。

自己运用技巧来应对压力和困难的基本原则是，在你做每一件事的时候都保持正念，就像我们在谈论吃东西时提到的那样。正念意味着你需要欣赏正在发生的事情，并放慢脚步，去认清生活中这些无常的变化。你开始了解眼前的事物，并学会欣赏其中积极的内容，这会是一个很好的开始。

以下这些是我在独自面对压力时最喜欢做的事情。如果你愿意的话，也可以和朋友一起尝试。

·**整理东西。**任何时候，只要你做一些不那么日常的事情，大脑就会被唤醒。这就好比对着压力超负荷的大脑说:“嘿!让我们尝试一下新鲜的事物吧!”比如去一个从未去过的地方,选择一条平时没走过的路去学校,探索一个新公园,试着和那些平时没聊过天的同学说说话,午餐时尝试一下不同的食物,换一种指甲油的颜色,换一个发型,哪怕是对日常生活做出的细微改变,也可以成为你应对压力的良好开端。我曾经很喜欢重新整理房间里的东西,我会把书架上的布娃娃和书或者墙上的海报的位置变动一下,做些不同的尝试。总之任何细小的改变都是可行的,都有可能让我们的大脑变得更有活力。

· 转换视角。积极思考和自言自语听起来似乎有点傻,但你会惊讶地发现,很多科学证据表明,这两种做法确实能有效地改善我们的情绪,减少压力带来的负面影响。在互联网上随处都可以找到鼓舞人心的名言警句,当你找到一句激励自己的话时,就把它抄下来贴在镜子上或储物柜里(在这一节的结尾,我会分享一些我最喜欢的名言)。你需要告诉自己,没有人的生活是完美的,每个人都面临着挑战。即使你情绪低落,也要相信生活总会朝着更好的方向发展。难过的情绪只是一时的,它不会一直持续。要让你的思想充满正能量。

· 接近自然。在人类历史上,人们一直在称赞大自然的神奇。从人类在地球上诞生的那一刻开始,山川湖泊、天空云彩以及大自然的一切事物,都能激起诗人、画家、牧师和

一些激励人心的格言

女人就像茶包，不经热水煎熬，永远都不知道自己的力量有多强大。

——埃莉诺·罗斯福

传播光明的方式有两种：成为蜡烛或成为反射烛光的镜子。

——伊迪丝·华顿

世界上最美好、最漂亮的东西是看不见也摸不着的——只能用心来感受。

——海伦·凯勒

让内心充满可能性的小火花变成大火焰，打造最强的自己。

——果尔达·梅厄

有信心地踏出第一步就好，你不需要看到整个楼梯，只要踏出第一步就好。

——马丁·路德·金

僧侣的灵感。有时，我们感觉大自然似乎很渺小，可有时我们又觉得大自然是那么宏大雄伟。试着在生活中加入一点自然的元素，比如精心呵护一朵曾经与你擦肩而过的花；认真欣赏一棵树的生长姿态，看它在太阳底下寻求滋养；看一阵风刮过时树叶飘落的轨迹。花点时间去欣赏一下大自然中的事物，因为这些事物不是由人类创造的，而是自然界的产物。我相信，你会从中感受到谦卑和力量，这会对你的整体情绪和态度产生极为积极的影响。

·活动活动身体。研究表明，如果你养成经常散步 15 分钟的习惯，那么情绪就会得到改善。通过身体活动来加速体内的血液和氧气循环，增加你心脏跳动的次数，就能够提升那些“快乐激素”的浓度，这当然会让你感觉更愉悦。跳舞是一种很好的运动方式，你也可以自己选择那种很有节奏感、很有趣，能调动你情绪的音乐在跳舞的时候播放。如果你不喜欢散步和跳舞，还可以去尝试一些新的事情，比如你一直想挑战，但还没下定决心去做的一些项目。如果以上你都不喜欢，那就找找其他适合你的而且能改善情绪的事情。总而言之，无论通过哪种方式，都要让你的身体动起来。

·接触艺术。艺术创作和艺术学习都是开拓思维和培养大脑创造性的好方法，它们可以使你情绪高涨。油画、素描，甚至是玩黏土都对情绪有很好的治愈性。我喜欢听能与我的情绪产生共鸣的音乐，尤其是在情绪低落的时候。我也喜欢弹钢琴，因为在演奏的时候，我的情绪会变得更容易掌控。

有时我会在日记里写下自己的感受，有时也会写诗，因为我喜欢去寻找合适的词语来形容我的心情和情绪。在中学的时候，诗歌对我来说是一个温暖的港湾，在那里我可以倾诉我对米沙（我曾经迷恋的一位男孩）的感觉。成年后，我会利用照片、小饰品、布料和家里的任何东西来制作拼贴画，因为创造性的艺术活动能够抚慰人心，也能让我的大脑稍做休息，随后慢慢走出负面情绪。

· 冥想。前面提到，冥想可以在任何时间进行，无须做太多准备。比如静坐冥想，是这么做的：你需要坐在椅子上，后背挺直。保持舒适的姿势，不要给后背和脖子任何压力。你也可以躺着冥想，关键是不要睡着。我躺着的时候就总是想睡觉，所以我一般都坐着冥想。轻轻地闭上眼睛，调整你的呼吸，开始慢慢地深呼吸，并试着专注于你的呼吸。这时候脑海里可能会冒出一些念头，比如晚饭吃什么，还有什么家庭作业没有做，或者今天某人健身的样子真帅气。这些是完全没问题的，即使我冥想了很多次，我仍然会想到晚餐和还没清洗的厕所，有时还会想到一些帅气的男孩子。相信我，你很难不去想别的事情。但是不用担心走神，让这些念头在脑海里迅速划过，不停留过久就行。我们的目标是不要有太多的杂念，而不是一丝杂念都不能有。要记住，人们的一生都在不断练习冥想，有些宗教的修道士们甚至花了一生的时间去掌握冥想的方法，可见冥想并不容易！正如当你想学习新的运动必须锻炼肌肉一样，冥想也需要练习，并且要用到你身体中最强大的“肌肉”—大脑!

·简单的快乐。当我情绪低落或压力缠身的时候，我会做一些很简单的事情，比如喝一杯茶，或是给一个很想念但是许久未见的朋友写信或电子邮件。这些都会让我变得快乐起来。不过我最喜欢的方式还是洗澡，然后擦上我最喜欢的润肤露。这或许是因为15岁之前，我必须和其他四个人轮流使用一个浴室，所以我非常喜欢洗澡时无须被人催促的独处时间! 我还收集了很多可爱的动物照片。大部分是我从杂志上收集的猴子和猫的照片。当我想调节心情时，就会看看这些照片。我知道这么做似乎有点傻，但这样做既省钱也不费时。每当看到一只戴着眼镜和礼帽的猴子的照片我都会很开心，我知道大脑在感谢我提供这些有趣的照片。但寻找简单的快乐并不是一蹴而就的，我们需要慢慢去发现属于自己的简单快乐。

还有其他的办法能帮助你缓解压力吗?

当压力对你的学习、工作产生了影响，或者导致你很难与家人和朋友相处时，试着和你的父母或学校辅导员谈谈。当然你还可以选择和一些专业人士谈谈。西格蒙德·弗洛伊德是世界上最具革命性的思想家之一，他在100年前就开始从事神经病学的工作。弗洛伊德是历史上第一个提出大声谈论问题可以减轻压力的人。弗洛伊德和另一个医生约瑟夫·布鲁尔共同提出这

在冥想中寻找启示

当你慢慢地进行深呼吸时，可以自己做一些冥想练习。即使只做 5 分钟，日复一日的积累之后，你的身体对压力的反应也会发生很大的改变。

1. 找准呼吸的位置。呼吸时，把注意力集中在你能感受到呼吸的那些身体部位。从腹部开始，专注于呼吸，试着感受吸气时腹部的变化，腹部就像大气球一样在充入空气。通过鼻子吸气，去感受空气在你鼻孔里的流动。通过嘴慢慢地呼气，感受空气从你的唇边滑过。继续保持这个节奏，慢慢地深呼吸。目标在于保持呼吸，但一定不要太过追求呼吸的节奏而把自己搞得心烦意乱。

2. 关注呼吸的次数。试着计算呼吸的次数，并试着让你的注意力只集中在这些数字上。吸气和呼气时都各记一次，最后再做一个深呼吸，重复做几次。在不分心的情况下，你能数到多少次呼吸呢？如果中途分心了，也不要担心。我们重新开始，试着能达到一个更高的数字。

3. 一次呼吸需要多久？放慢呼吸的速度，增加呼吸的时间，但不要勉强自己。计算一次吸气和呼气分别需要多长时间。通常呼气的时间比吸气的时间要长。试试看，你能吸气 5 秒钟，然后呼气 7 秒钟吗？或者再慢一点，吸气 6 秒钟，然后呼气 8 秒吗？但记住不要让自己感到喘不过气，我们目的在于训练让自己的身体放慢呼吸，从而让思维静下来，而不是把自己的身体搞得更不舒服。

4. 散步。如果你想在散步的时候冥想，记住一定要睁大眼睛打起精神！可以去一个比较宽敞且安静的地方，比如一条很少有人走动的走廊，或者是在院子里、公园里。先抬起一条腿，慢慢地往前迈一步，记住一定要非常缓慢。你一开始可能会感觉很有趣，但这个走法的关键在于保持正念和专注，并且要十分小心。当你准备整只脚着地时，记住先让脚后跟着地，然后让整个脚掌慢慢地在地面上舒展开。不要马上把另一只脚抬起来，要让自己感受到身体是如何适应双脚踏在地面上的。然后将身体重心移动到前面那只脚上，这时你可以开始慢慢地抬起后面的那只脚。当你抬起脚的时候，感受这是一种什么感觉。记住首先是脚后跟抬起，然后再是脚掌慢慢离地，平衡一下腿部的支撑。重新回到开始，呼吸，感受再次双脚踏在地面的扎实感。在进行这种冥想时，脑海里可以根据你在进行的步骤想一想这些词：抬，放，换，抬，放，换……如此反复多次。

样的观点：当人们建立起与他人的联系，并与他们谈论自己的感受时，会将一部分痛苦转移给对方，这有助于他们渡过难关。这是精神分析学的开端，也是我们现在所说的心理治疗或谈话治疗的基础。

当我们处于压力之下时，有时会出现睡眠问题，或者是脑海中总有些挥之不去的想法。对一些人来说，这种压力可能会导致他们强迫自己去做某些事情，但这只会让他们的生活变得更加混乱。

除了心理疗法，还有另一种疗法也可以用于减轻这种压力，叫作认知行为疗法。认知行为疗法是一种周期更短、目标性更强的治疗方法。这种疗法首先会让你填一份工作表，然后完成治疗师布置的“家庭作业”，最后可以和治疗师一起检查作业完成情况。认知行为疗法能帮助你更全面地了解自己思考时的动机，并帮助你找到更有效的方法来处理压力。

谈话治疗和认知行为疗法的科学依据是一样的：通过不同的行为和思维，我们可以改变大脑的化学结构，以便更轻松地处理压力。不过，治疗并不是“魔法”，不能一次就解决所有问题，关键在于你必须坚持在一位治疗师那里接受治疗，并且当你有什么看法，或者听到一些让你感觉不舒服的事情时，都要主动告诉治疗师。最重要的是，只有当你和治疗师交谈时感到舒适，治疗才是有效的。如果你不想和某位治疗师分享自己的想法，那就换一位，直到找到一个你认可的倾诉对象。

很多治疗方法的费用都很昂贵，但很多地方都推出了免费服务，让更多的人有机会去和专业人士交谈。谈论自己的感受有时候可能会让人感觉不安，但这么做确实对你有益。和学校的辅导员谈谈也是一个不错的选择，因为他们当中很多人都接受过基本的心理治疗训练，知道如何去开导或者指引你。

除了治疗，你可能还听说过人们可以通过服用某些药物来缓解压力。这些药物通常是精神科医生开的处方。作为精神科医生，他们专门研究可以影响人们的情绪的药物，一些儿科医生也会开这类处方药。虽然这些药物确实能刺激你的大脑释放出更多让你感觉快乐的激素，并帮助减少释放导致悲伤的激素，但它们通常都有很强的副作用，而且一般不适用于未成年人。当其他应对压力的方法都不起作用，或者某人对压力的反应已经影响到他的正常生活时，他通常会选择服用药物。但要知道，依靠药物并不是长久之计。有时人们会用药物暂时控制住病情，但等到情况有所好转后，我们还是要找其他方法来解决这些问题。只有你自己、你的父母和医生才能帮助你做出适合你的、正确的选择。还有就是，当医生给你开药方的时候，同时进行谈话疗法也会对你有帮助。

压力是真实的，保持耐心

为了让你相信我不是在胡编乱造，我将和你分享一些非常私人的事情。

你可能是从电视上了解到我，或者你的父母给你买了我写的这本书。但我是一个真实存在的人，我经历过很多事情，并且这些事情都让我深感压力。当我还是个孩子的时候，家里并不富裕，对我来说生活并不容易。中学时期，我曾经为没有结果的暗恋和一直陪伴我的猫咪的死去而流过很多眼泪，可能许多人也有过类似的经历。除此之外，我那时因为身体发育得晚经常被其他人嘲笑。我感觉非常难受，觉得自己与这个世界格格不入。即便现在我已经是一个成年人了，但有时仍然会出现这样的感觉。

几年前我离婚了，那一年还搬了家，正是本章开头列出的“最具挑战性、最容易让我们感到压力的事情”当中的两件。也是在同一年，我遭遇了一场车祸，进行了几次大手术。第二年，我爸爸因病去世了。我还经历了一场几乎令我崩溃的分手，陪伴了我 13 年的猫也死了。我真的面对了来自各个方面的压力。

在这一章里，我所谈到的可以用来应对压力的方法，都是我自己尝试过的。为了保持情绪和心理健康，我现在仍然会这样做。因为压力会对我们的健康造成一定的影响，所以及时缓解压力是有利于身体健康的。

以下就是我的一些方法：

· 我每星期都会散步几次。

· 我会试着在大自然中度过一段时间，即使只是花一点时间去拥抱一棵树。

· 我会去教堂，祈祷自己对人和事都要有耐心。我也祈祷自己能换个角度看待生活。

· 练习深呼吸，每周冥想几次，坐在我的床上倾听周围的声音。

· 强迫自己每周至少参加一次社交活动，这样我就不会离群。

· 每天都会列出一些值得感激的事情，即便是小事，比如感谢有干净的水喝，感谢我的猫每天都陪伴着我。

· 当我感到孤独的时候，我会弹钢琴，唱悲伤的歌，听那些能让我产生共鸣的音乐。

· 我每周都去接受心理治疗，和医生聊聊我的感受，即使这很难，或者有时候我并不想去。

我在社交网站上关注了几个博主，他们会发一些积极的格言，所以尽管刷手机时我会看到很多人的生活状态，看上去他们的状态都比我好，但我仍然可以提醒自己，我也很不错。这些格言还告诉我，当面对艰难的处境时，我需要保持耐心，并且让我知道通过艰苦的奋斗和时间的流逝，所有事都会迎刃而解的。

我还有存满可爱的动物照片的文件夹。

我列出来的这些事情可能不会立竿见影，但只要保持足够的耐心，坚持下去，相信它们会对你有所帮助。从长远的角度来看，这也有益于我保持一个健康的身心状态。作为一个经历过巨大压力的人，我希望你能相信我，也希望你能通过实践找到能给自己带来快乐和安宁的方法。

第六章

你真的很重要！

面向未来的真相

我们可以做很多事情来改变这个世界
每一份微小的爱心和关怀
都会对这个世界有所帮助

在前面几章中，我们已经探讨了成长过程中的各个方面，其中包括：身体是怎样发育的、如何合理利用我们的时间、怎样高效地学习、约会和社交时需要注意哪些问题、怎么正确面对困难和压力……这些似乎已经涵盖了我们在青春期需要了解的所有内容。但是，还有另一些非常重要的问题同样值得我们去思考：我们做的事情会对他人产生影响吗？应该对他人产生影响吗？我想我们平时最常思考的是：对这个世界来说，我们重要吗？在我看来，我们对这个世界是重要的。与此同时，我也希望能找到一个办法，将这种信念转变为能够产生更大影响的行动力。如果你对这个问题尚且没有肯定的答案，那就让我们一起去寻找方法，专注地去改变这个世界！

我们所做的决定、所说的话和所做的事情，都能对他人产生很大的影响。在成长过程中，我们要去理解这一切是如何发生的。当我们明白自身的重要性时，我们的自信心会增强，我们也能因此获得归属感和目标感，进而给他人带来积极的影响。

当我们思考自身的重要性时，不仅仅是思考我们当下的生活，也需要考虑到接下来的生活会发生什么变化。在这一过程中，正视当前和考虑未来的结合是很重要的。

关于未来的思考

你要试着认真地思考一下关于未来的事情，哪怕只是一小部分。别担心，我想表达的意思不是让你在短时间内就做好余生所有的计划。因为即使我们把计划做得完美无缺，也赶不上世事的变化无常。我想说的是，你可以从现在开始思考成为成熟女性之后，你想要什么样的生活。实际上，现在开始思考这个问题是很有必要的。

要知道，我们当下做出的选择会影响到我们的未来。我并不是说今晚你选择的冰激凌的口味会影响你的未来；或者是你意识到今天在课堂上不应该传那张说别人坏话的纸条，这样在未来就能拥有自己喜欢的对象；也不是说上周四的逃课会对你将来买房产生不利的影响。

虽然你今晚选择的冰激凌的口味并不重要，但随着时间的推移，你所接纳和选择的东西确实会对你的人生产生影响。今天传纸条的事情可能无关紧要，但我们对待他人的方式，比如不在背后说别人的坏话却是很重要的。上周四没去上课可能对你来说没太大关系，但养成逃课的习惯会给你带来严重的后果。

你不必急于在今天、明天或下周就计划好自己的余生。但是思考一下未来总是没有坏处的，思考你的未来并且和别人谈论它是一个很好的开始，也许有一天，你会梦想成真!

高中之后你的人生会发生什么改变?

完成高中学业可以说是你取得的一项巨大成就，但无论何时，当你完成人生的一项目标之后，就会出现一个问题：我们接下来应该做什么呢?

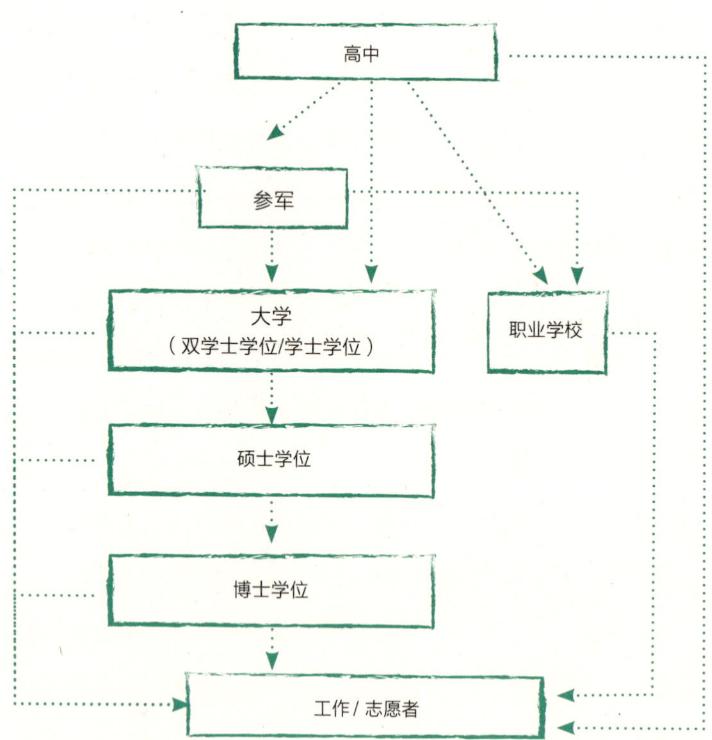

生活方式

当你想要思考未来的时候，最好的方法之一就是思考你未来的生活会是什么样子。

例如，你想成为母亲吗？你能想象一下那会是什么样子吗？一旦你怀孕了，你的生活就会发生戏剧性的变化，你会经历将近 10 个月的孕期。随着胎儿的成长，你的肚子变得越来越大，你会发现自己行动不便，很多的事情自己都很难去做，而你摄取的食物都会为你正在发育的宝宝提供营养，你会感受到身为母亲是多么伟大！生育是一件自然的事情，也是一段美妙的经历，但它不应该被当作是一个女性必须要完成的任务。此外，健康备孕和产后恢复也都是很重要的事。

说实话，当妈妈是我做过的最艰难的工作，我直到 30 岁才有了第一个孩子。几年后我生下了第二个孩子。有的女性生产的年龄很早，通常情况下，年轻女性在产后，身体状况会比年长的女性恢复得更好更快。

要知道，一旦你有了孩子，他们就永远都是你的孩子。你的余生都要围绕着他们的需求而展开：喂他们吃饭、给他们穿衣服、送他们去上学、辅导他们做家庭作业……所有你父母为你做过的事情，你都会为你的孩子再重复一遍。当然如果有了孩子，你仍然可以有你自己的事业。但要记住，一定要多留些时间陪陪孩子。你可能还要为孩子找个儿童看护，以便在你忙于工作的时候有人可以帮你照看孩子。做母亲是一项艰难的工作，你需要做好充足的准备，才能成为一个合格的母亲。一般来说，你会在二十多岁到三十岁的时候开始准备，所以也不要特别着急，慢慢来吧！

当你思考未来时，你有想过将来会在哪里生活吗？你愿意待在你的家乡吗？你愿意和家人住在一起吗？如果不愿意，那你想去哪里定居呢？你能想象自己在其他国家生活吗？你是否想要一份常常旅行的职业？如果你喜欢这类职业，可以选择一些需要出差的工作，比如在酒店或旅游公司工作，或者可以在游轮和度假胜地做舞者或歌手。你可以想象出自己旅行的样子，好好决定要不要让这件事情成为你未来生活中的一部分。

即使这些决定看起来都很遥远，但如果你思考过自己在短短几年后的生活将是什么样子，你很可能更有动力，对生活也更有热情。想象未来是一种非常有益健康的大脑运动！

大学

虽然有些工作你在高中毕业后就能从事，比如商场售货员或是普通文员的工作。但还是有许多人选择继续去上大学，因为大学毕业后获得的学历会成为你从事心仪工作的敲门砖，而且通常能让你获得更丰厚的报酬，积累更多的工作经验。

大学有两个主要的学位：文学学士学位和理学学士学位。文学学士学位主要是人文学科，如英语、历史、政治科学和传播学。文学学士学位也可以包括艺术领域，如戏剧、创意写作、

绘画、音乐和舞蹈。有些人会选择学习另一种语言来获得文学学士学位，比如西班牙语。如果你愿意，你还可以出国留学。有些学校还提供艺术学士学位，这就需要花大量时间在绘画、音乐或戏剧写作上。

大多数非医学或非科学领域的人上完大学后，都可能会获得文学学士学位。虽然文学学士学位是基于人文学科的，但几乎每一所大学都会设立基础数学和基础科学这两门课程，因为它们是你在生活和无论从事什么职业中都必须运用到的常识性学科。无论你是想成为一名幼师，还是服装店或餐馆的经理，又或是想在律师事务所、网站工作，获得文学学士学位都会是一个良好的开端。

理学学士学位是指科学领域，如生物学、化学、物理、工程学以及我个人最喜欢的神经学。现在，不少拥有理学学士学位的人会选择去医学院或口腔医学院当一名医生或牙医。我在获得理学学士学位后去了研究生院，并获得了神经科学博士学位。获得博士学位的人通常会在大学里教书或在研究所做研究。

继续学习深造

有些人在本科毕业后就进入了工作岗位，还有一些人为了获得更高的学位而选择去念研究生。研究生院有点像大学毕业之后的另一所学校，但所设课程会更加细化、更具专业性。下面我介绍一下硕士学位和研究生学位，以及两个热门专业：法学和医学。

- **硕士学位：** 硕士学位是你在获得文学学士学位或理学学士学位后再读一年到三年所获得的学位。它为你想要更深入地研究某方面提供更为专业的知识，研究生课程的结尾会有测试，比如写一篇关于你的研究课题的论文来判断你的研究生学业是否达标。许多教师都有教育学硕士学位。当然，学校里的其他人，比如社工、辅导顾问、语言治疗师和物理治疗师也可能有这些学位。
- **博士学位：** 获得博士学位需要对一个从未做过的课题进行研究。这项研究几乎可以是你能想到的任何课程，一般需要三年到七年的时间。我的博士课题是研究强迫症，强迫症是一些人因为过于专注于某些事情而产生的心理障碍，他们很难打破专注于这些事情的循环。为了研究强迫症，我和一些发育迟缓、有特殊需要的人一起工作。我花了很长时间才拿到博士学位，在这个过程中，我学会了如何当老师、如何做研究，还完成了一篇很长的论文。博士生在毕业后一般会成为大学教授，或者去那些需要专业知识的公司工作。作为研究的一部分，或许你的某项研究成果能改变人们的生活，这是非常令人兴奋和极具成就感的！
- **法学：** 如果你将来想成为一名律师或法官的话，你就需要学习法学。许多在政界工作的人也需要获得法学学位。律师和法官大多在法庭工作，当然，在办公室的工作时间也不少。

· **医学**：学医是一条漫长的路，之后你还需要花更多的时间进行专门的医学培训。当医生离不开实际经验，你很可能拥有一段在医院当实习生的经历。

我知道继续学习需要考虑很多方面的因素。上大学和读研究生也并不是适合所有人，但是如果你选择了这条路，具体了解一下你毕业后可以从事的各种工作和你会拥有一些什么样的机会是很有必要的。

放弃上大学

有些人决定不上大学，这也不是不可以，完全取决于你的兴趣和愿望。如果你高中毕业后不上大学，那你能做些什么呢？有些人会选择去职业学校学习专业技能。职业学校会培训你从事专门的工作，比如做电工、水管工、焊工、厨师，甚至是化妆师或发型师。如果你决定去读职业学校，可以从做学徒开始。等你积累了足够的技能，就可以独当一面了。你可以比上大学的人更早赚到钱，但是没有读过大学的人在工作的选择上会有一定的局限性。

有些人会选择高中毕业就参军，或许是出于一种爱国的心态，或者因为出生于一个军人家庭，有一种强烈的使命感。总之，参军是一个重大的决定，如果你萌生了这样的想法，可以和你的家人好好谈一谈。以这种方式为国家效力是一种非常勇敢的决定，但并非没有风险。如果你在 18 岁之前就决定入伍，那么需要得到父母的许可。所以，一定要尽早和家人沟通，要多考虑考虑这个决定会给你和你的家庭带来怎样的影响。

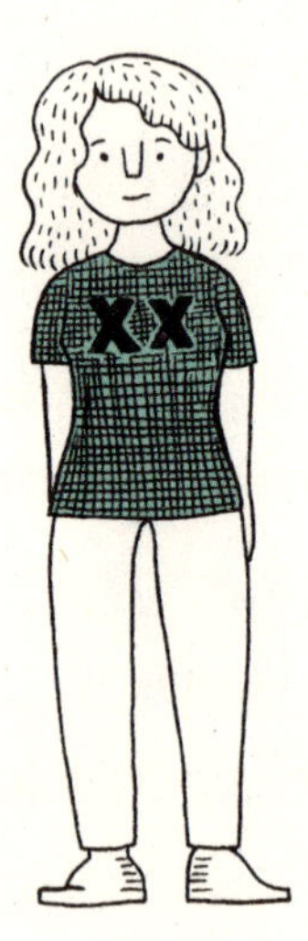

怎样让你的生活充满意义?

有一个有效的方法可以帮助你知道自己想要什么样的生活以及如何让你的生活变得有意义，那就是思考你对什么事充满热情。了解了自己对哪些事情具有热情之后，你就能更清楚地认识到周围的世界于你而言是怎样的。大脑需要吸收大量的信息来形成对事物的看法，当你学习的知识越多，就越能更清晰地了解自己的所思所想，才能做出正确的选择。

对你来说最重要的是什么？哪些新闻报道会令你烦恼？是关于种族主义或校园暴力的报道？或是关于环境破坏或受难人群的报道？又或许是人们在路上发现了被虐待的动物？

你也许看到了社会中有某些正在发生的事，需要你伸出援手。那些无家可归的人的生存问题，大多数都市和城镇都存在的垃圾处理问题，还有需要清理的海滩、需要恢复的公园……这些都需要我们人人尽一份力，情况才能有所改善。

如果你曾想过社会上存在的问题，认为这些问题看上去非常混乱，似乎已经无药可救，那你就错了。我们可以做很多事情来改变这个世界，每一份微小的爱心和对他人的关怀都会有所帮助。想一想你能以何种方式回馈这个世界，这样的思考会让你感觉自身更有价值。

即使微小的改变，仍可以起到巨大的作用。以下是一些慈善项目的例子，这些项目是由那些年龄和你相仿，甚至比你更小的女孩发起的。

· 亚历克斯柠檬水摊基金会

女孩亚历克斯·斯科在不到 1 岁的时候被确诊为患上了一种名为神经母细胞瘤的癌症，4 岁的时候，她在自家前院举办了第一次癌症募捐活动，筹集到了 2000 多美元。不幸的是，她 8 岁时就去世了。但她在自己短暂的一生中，为治疗儿童癌症筹集了超过 100 万美元的资金。亚历克斯去世后，她的家人继承了这一使命，目前“亚历克斯柠檬汽水摊”已经筹集了超过 1.2 亿美元，这些资金都用于癌症研究和帮助癌症儿童及其家庭。

· 马拉拉基金

马拉拉·优素福·扎伊在巴基斯坦长大，她的家人鼓励她去上学，但她所处的社会环境却不允许女孩接受教育。她在 12 岁的时候开始写博客，讨论教育对社会发展的重要性

（请参阅第 60-61 页方框里的内容，了解更多关于马拉拉的事迹）。14 岁时，她获得了巴基斯坦的国家青年和平奖。15 岁时，她被蒙面的持枪歹徒开枪打伤，因为他们想阻止她继续从事教育平等的宣传活动。她康复之后并没有选择放弃宣传，而是继续为数百万无法接受教育的女孩代言。她参与创立了马拉拉基金，致力于让人们意识到女性接受教育的重要性，并筹集资金为女性提供安全的学习空间，帮助她们走出困境。

·给肯尼亚孩子捐鞋子

这个组织是斯科特家三姐妹——13 岁的双胞胎海蕾和威娜，以及她们 10 岁的妹妹莎拉在看到非洲肯尼亚的一所学校失火的新闻时萌生的想法。她们当时看到学校里孩子们的照片，发现所有的孩子都是赤着脚的，所以她们决定筹集资金。为了尽可能多地向学校里的孩子捐赠鞋子，她们挨家挨户地收集二手鞋，还在家乡设立了捐赠点，筹集了 3.3 万美元，这笔资金能为非洲肯尼亚的 1500 名儿童购买鞋子。

·帮助住院孩子

12 岁的莉安·乔伊斯在接受心脏检查的时候，被两名医院志愿者送来的礼物深深感动。她决定做些什么来让这些善意继续传递，于是她成立了一个组织，以帮助实现北卡罗来纳及其他地区住院儿童的愿望清单为目的。这个组织已经筹集了超过 25000 美元，这些钱都用于改善住院孩子们的生活状况。

尽管这些组织无法完全治愈癌症或是解决世界上所有儿童的贫困问题，也并不能让每一个应当接受教育的女孩都得偿所愿，但这些项目证明了微小的善意也可以带来巨大的影响。你不需要一下就解决眼前所有的问题，也不需要立马去改变整个世界，你只需要从力所能及的事情开始做起。每一次你用善意去对待他人，世界就会变得更加美好。你永远不知道你的善良会对别人产生怎样的影响，它可能会引起连锁反应，对方受到你的影响，或许会像你一样，将这份善意继续传递下去。

就像那个在体检时得到礼物，并且想和别人分享这份善意的女孩。你也可以采取行动，去感受它带来的美好。如果建立慈善组织或筹集资金对你来说太遥不可及了，那么就从你能力范围内能做到的事开始，这同样可以产生很大的影响。下面是一些你也许能办到的事情：

· **捐赠你不需要的东西。**去家里的衣橱、抽屉里找找你不再使用或者不合适的东西。你可以捐赠二手玩具和衣服给当地的慈善机构。经营旧货店的慈善机构会出售商品，并利用部分利润来支持慈善机构的运作和在那里工作的人。在许多大城市，还有一些地方可以捐赠旧衣物给那些无家可归的人。

· **把衣服或食物留给需要的人。**你可以在学校和参加课外活动、社区或宗教活动时鼓励更多的人参与到慈善项目中去。15 岁的时候，我找人把一辆罐头食品车开到了我当时正在拍摄的节目演播现场。然后我四处张贴标语，在午餐休息时间给所有人分发传单。第一年，我就为一个收容所筹集了满满一车的罐装食品。我非常享受为他人奉献的过程，奉献使我快乐！

· 收集一年的零钱。你有没有发现过地上掉落的零钱？或者你有没有过穿上一条很长时间没穿的裤子，然后在口袋里找到了被遗忘已久的 1 块钱甚至 5 角钱？我会把零钱和“偶然发现的钱”收集在一个罐子里，12 个月后，我会看看罐子里存了多少钱，然后统统捐赠出去。有时我会选择一个慈善机构把钱寄过去，有时我会用那笔钱给坐在餐馆或商店外面的无家可归的人买一个三明治和一杯饮料。这对别人来说也许是一件小事，但对我而言却意义非凡。

· 随时捡起垃圾。每当去公园或海滩时，我都会发现很多垃圾。希望你在看到的时候，不要忽视它们，把它们捡起来。去海滩和公园玩耍或者徒步旅行时带上一个塑料袋，然后捡起途中看到的垃圾。如果你碰到乱七八糟或黏糊糊的糖果包装纸之类的东西，你还可以把塑料袋当手套使用。如果每个人都主动去捡起垃圾，我们的环境将会更美好。解决垃圾要比制造垃圾的感觉好多了。即使有些地方需要清理的垃圾远远不止零零散散的几块，但你要相信积少成多，一切都要从点点滴滴做起。

学会去帮助他人

把你的热情投入到某件事中去，并为此付出相应的时间和精力也是一种帮助他人的方式。当你开始从事一项你热爱的志愿者工作时，你就会有非常强烈的冲动去投入其中。我曾经在假期里自愿为海外的士兵打包东西，我还帮忙为那些无力支付工作费用的公司接电话和办公。青少年时期，我最喜欢的志愿者工作是在老年人中心工作。

如果你身边有老人，你会发现，与有丰富人生经验的老人们待在一起，是一个了解过去和这个世界的绝佳方式。我和祖父母一起长大，他们都是来自东欧的移民，有着浓重的当地口音。他们曾不惜一切代价逃离那个饱受战争摧残的国家，来到美国寻求安定的生活。你能想象吗？他们曾生活在一个动荡不安的国家，为了生存整日工作，而那个时代没有手机也没有电脑。

我认为我们可以从老人们身上学到很多。17 岁的时候，我在好莱坞一个老年人中心做志愿者。他们给我的工作任务是每个周末向大约 50 名老年人提供午餐。

我花了不少时间去了解这个中心的人，我认为这一切都是值得的。我在那里结交了许多朋友，了解每个人都是如何来到好莱坞的。他们当中有的人就在那里长大，还有许多人来自其他国家，比如古巴、亚美尼亚和菲律宾。了解不同的人，了解他们的生活，这是一种有趣的体验。他们中绝大多数都没什么家人，有时我可能是唯一想和他们说话的人。为他们服务让我感觉很好，我可以从他们的微笑和拥抱中看出，他们和我交谈也很快乐。我的很多老年朋友说话都很慢，即使我还有许多事情要做，我都会保持足够的耐心，用善意去对待他们。我学会了给他们准备食物的诀窍，还在这个过程中产生了更多的同理心，这些影响都将会陪伴我的整个人生。

参加志愿者活动能让你进入他人的世界，并给你一个为他人的生活做出改变的机会。

即使你成年了，你的成长也并没有结束。因为这将是一段持续一生的旅程，它会为你未来的人生奠定一个坚实的基础。趁着年轻，多想想自己梦寐以求的生活是什么样子的。有很多方法可以充实我们的人生，在你现在的年龄，确定自己喜欢的生活方式和热爱的职业，然后规划未来，是很重要的，你可以从中知道自己可以为这个世界做点什么。无论你是全职妈妈还是美国总统，你都可以为身边的人和这个世界做出贡献。从相信你自己是重要的开始，一步步去实现自己的人生价值。加油吧！女孩！

后　记

最真实的自己是最好的自己

当我开始计划写这本书的时候，我相信自己是可以胜任的。我掌握了足够的科学知识，可以从生物学的角度来讨论女性的身体构造。我对激素、遗传学，甚至心理学都有充分的了解，能够全面地描述人们青春期和生理变化的过程。我很清楚大脑是如何学习和接收信息的，我有过很多悲伤和心痛的感受，也体验过爱情的感觉，这足以让我去描写约会和爱情，甚至是性行为。我知道很多方法去应对艰难的环境和压力，我一直都是一个渴望对世界产生积极影响的人。所以我确信，我能将这些内容通俗易懂甚至有趣地向人们展示出来。

但是，当我真正开始写这本书的时候，我发现并不是那么容易。该如何将我想要描写的部分构造成一个整体？这本书的“蓝图”是什么？我是不是有太多想写的内容？或许我应该专门写一本关于青春期或者如何应对压力的书？又或许我应该多写写自己的生活，比如我是如何从一个儿童演员成为一个科学家的？

我开始担心章节太多而我不能把各个章节很好地融合在一起。我真的能将生理知识、物理测试以及情感问题都糅合在一本书里吗？我对于冥想的热爱和制作项链的诀窍真的可以弥补我在失去心爱的猫时的痛苦吗？碳水化合物和志愿者服务这两者真的可以同时存在于同一本书中吗？这本书到底主要讲的什么内容……我开始对自己产生了怀疑。

就像书里描述的那样，我是在成长的过程中逐渐地意识到成为女性这一事实的。随着每一章的推进，这个事实变得越来越清晰。如果不将我们生活的方方面面都涵盖在内的话，是无法去谈论女孩的成长的，更无法去解释“女孩如何成为成熟女性”这一问题。因为我们不仅仅是书架上的一本书，我们也不应该只是关注吃什么，约会对象是谁，该如何穿着，喜不喜欢科学。

我们是 DNA，我们是身体里流动的激素，我们是自己吃下去的维生素和矿物质，我们是会对自己饮食有所恐惧和担忧的情绪，我们是自己看上去不够好时的不安全感，我们是为了让自己变得更好时做出的改变，我们是自己读过的或是不想读的书。当我们拥抱最好的朋友时，我们就是心中充满的爱意。当我们失去所爱之人时，我们就是默默流淌的泪水。我们是忧郁和悲伤的情感，我们是为了理解复杂世界做出的选择。我们是为了改变不公平现象而付出的行动，我们存在的可能性，就像天上的繁星一样数不胜数。

我们是工作着的身体、学习着的大脑、充满热情的心、奋斗的灵魂和最重要的女人。我们强大、聪明、令人瞩目。我们不需要超级英雄，我们能成为所有我们想成为的人。我们只需要做最真实的自己。

我们成长的过程或许不能被这个世界充分理解，但我们越能清楚地了解自己，就越能更好地参与到这个世界的建设当中。我们要充分利用自己的长处去实现梦想，这样才能尽可能多给这个世界带来积极的影响。

感谢你和我一起成为了不起的女性。加油吧，女孩！愿你成为最好的自己。

感 谢

感谢我出色的编辑吉尔·桑托波（Jill Santopolo），是她对我的帮助，让我对自己的生活和大脑运作的方式有了更清晰的认识，这样我们才能更好地给年轻的女性读者分享这些内容。吉尔，我很感激你让我呈现了一本内容如此全面的作品，来谈论我眼中关于年轻女性成长过程中的一些经验。你给了我充分的写作自由，让我创作出了一个可能比你预想中更宏大的架构，非常感谢你如此热情地支持我，并将我从创作这本书的诸多困惑中解救出来。我为我们的合作感到自豪，希望这本书能给更多人带来积极的影响！

感谢我的商业伙伴安东尼·马特鲁（Anthony Mattero），我的“同伙”、朋友和经理，蒂凡尼·库尊（Tiffany Kuzon）和莎拉·莲娜（Sarah Lerner）为我这本书进行商业运作。还有一份特别的感谢，要给我的导师、朋友兼律师沙浦·罗赛蒙（Shep Rosenman），有时他也充当精神治疗师的角色。还要感谢来自 E2W 集团的海哲·维斯·博赛纳诺（Heather Weiss Besignano），你在我们团队中的作用是不可或缺的，感谢你自始至终的宣传指导和对我的支持，以及时刻给予我们的鼓励，尤其是坚定地告诉我这本书必须承担起赋予年轻女性力量这一伟大的使命。

特别感谢我团队里的所有助手，他们非常努力地做着幕后工作，他们分别是：布兰登·博纳拉（Brandon Bonilla）、帕特里夏·肯尼迪（Patricia Kennedy）、伊莎贝尔·沙纳汉（Isabel Shanahan）和丽贝卡·马扎恩（Rebecca Malzahn）。还要对吉尔办公室的塔里亚·贝拉米（Talia Benamy）表示感谢！

感谢托德·马尔他（Todd Malta），他在我写作的过程中负责管理所有关于这本书和我生活中其他方面的电子邮件，同时作为奎因（Quinn）和欧文（Owen）的父亲，他也会为我提供一些关于这本书内容的评论和建议。

除了我们细致入微的编辑安娜·德布（Ana Deboo），我还要感谢那些在专业领域里对这本书进行审核的工作者。没有她们，这本书不会像现在这样表述准确和精雕细琢。她们是：神经科学家丽莎·阿齐兹 - 扎德博士（Dr. Lisa Aziz-Zadeh）、妇科医生杰西卡·布朗（Dr. Jessica Brown）、注册营养师雷切尔·古德曼（Rachel Goodman）、儿科医生丽莎·诺威尔博士（Dr. Lisa Nowell）和学校心理学家萨曼莎·温诺克博士（Dr. Samantha Winokur）。

企鹅出版社的每一个人都是如此的与众不同，我非常感激出版商迈克尔格林(Michael Green)、艾丽丝李(Ellice Lee)和珍妮陈(Jenny Chung)，他们设计了这本书的内部版式，还要感谢我们无比耐心的封面设计师林赛·安德鲁斯(Lindsey Andrews)和玛丽亚·法齐奥(Maria Fazio)，他们设计的封面全面地展现了这本书的内容。我一生中还从来没有对任何一本书给出如此少的意见，企鹅出版社的所有人都致力于保证内容达到 100% 的正确率。还要感谢企鹅出版社的营销团队和公关团队，他们的工作就是尽可能把这本书展现在更多的女孩面前。我很感激我们一起完成的这项工作，非常感谢你们所做的一切努力。

西沃恩·加拉格尔（Siobhan Gallagher）的插图给这本书增色不少，她创造了各种不同体形、不同身高和不同肤色的女孩形象，她的用心让我非常感动。谢谢你，西沃恩。

感谢两位“小编辑” 迈尔斯·罗斯福·比利克·斯通（Miles Roosevelt Bialik Stone）和艾里斯·佩塞福涅·阿莫斯（Iris Persephone Amos）。你们的帮助对我来说是很珍贵的，我很感激你们成为第一批阅读这本书的年轻人。

感谢《生活大爆炸》剧组的所有演职人员以及工作人员。在过去的 7 年里，25 号演播厅一直是我的另一个家，我很感激能和一群热爱自己工作且很出色的人一起合作。特别要提到一位喜剧女演员，一位在生活中充当着朋友、女儿、姐妹、妻子兼作家角色的伟大女性——梅丽莎·劳奇 (Melissa Rauch)，感谢你陪我度过了一段非常黑暗的日子，谢谢。

我还想提及几位我年轻时认识的女性，是她们的帮助才塑造了如今的我。艾薇·卡斯女士（Mrs. Ivy Cass），她是我的小学英语老师兼健美操老师，她教会我魔鬼般的拼写速度以及像个运动员那样去奔跑。朱莉·德雷克女士 (Ms. Julie Drake)，她是我的小学戏剧老师，她培养了我对积极创新的热爱并对我进行了大量戏剧形式的训练。菲鲁泽·拉巴尔博士（Dr. Firoozeh Rahbar），她是我的生物导师，她在我高中时激发了我对科学的热爱，并帮助我成为一名神经科学家。最后是南希·韦恩博士（Dr. Nancy Wayne），她对我严格要求，在我的论文修改到最满意时她才允许我提交。

瑞比津·阿维娃·科尔（Rebbetzin Aviva Kohl）和艾莉森·约瑟夫（Allison Josephs），他们教会我礼仪、端庄和优雅，而这些使我对自己的价值、尊严以及爱与被爱的神圣能力有了更多的认识。

感谢我的母亲，她养育了一个生性倔强、时常执拗且不同寻常的女儿。妈妈，尽管这本书的绝大部分内容你都没有和我谈论过，但因为有你，我才能这么坚强、聪明、令人瞩目。当然其中也有爸爸的功劳。

还要感谢一位女性—雪莉·斯通（Sherrie Stone）。她养育了两个温柔而充满爱心的男人，其中一个就是我孩子的父亲。谢谢你经常给予我的鼓励！

感谢我的表妹丽贝卡·戈尔茨坦（Rebekah Goldstein）。那些我们一起成长的岁月教会了我很多，虽然我比你大六岁，但有时还不如你有经验！感谢你一直站在我身边，陪我经历人生的起起落落。

感谢那些走进我生活的女性，一直以来我对女性之间的亲密关系都持有一种恐惧的态度，是她们的出现让我发生了改变，我开始学会让她们融入我的生活。而她们也使我成了更好的自己。这些美丽、坚强、自信、聪慧且充满爱心的女人分别是卡莉（Kari “Pitzy” Druyen）、南希·斯金格（Nancy Stringer）和我的伙伴艾尔莎·罗达特（Elsa Rodarte）。

我想对伊曼纽尔·沙列夫（Immanuel Shalev）说，感谢你对我的信任，以及你这些年来对我的守护。在过去的 5 年里，如果没有你在我身边，我觉得大部分的工作我都不可能顺利完成。我很幸运有你在我身边。

还有两位女性为我在创作整本书里最艰难的部分提供了动力，她们是南希·范德海德博士（Dr. Nancy Vanderheide）和肖恩·克莱恩（Shawn Crane），我每天都对你们十分感激。

谢谢你，罗伯特·马蒂斯（Robert Mathes），永远在我身边，特别是在我写这本书的时候，准确地为我们的生活指明了方向。你不仅在这本书中帮助我定义了情感上的亲密关系，也在我们人生的旅程中为我很好地诠释了亲密关系。谢谢你！

感谢孩子们的父亲，迈克尔·斯通（Michael Stone），感谢你在我生活不如意时所给予的帮助，以及为我们的孩子做出的努力和所有有意义的事。

我很感激你给我时间，让我写作、工作以及处理生活上遇到的难题。你是一位尽职尽责的父亲，我们的儿子非常幸运有你这么一位好父亲。

最后，写给我的孩子们——迈尔斯（Miles）和弗雷德里克（Frederick）。谢谢你们在我写这本书时对我的理解，也谢谢你们偶尔的不理解，因为正是在那些时候，提醒了我应该多陪陪你们，而不是把时间都留给工作。我希望你们在一生中能遇到很多坚强、聪明、耀眼的人，并且他们能陪你们一起做一些伟大的、有意义的事情。我很幸运，你们在茫茫人海中选择了我作为你们的母亲。我爱你们胜过一切。

图书在版编目（CIP）数据

别只叫我女孩：从女孩到独立女性的六个真相 /（美）马伊姆·拜力克著；霸王龙文化译. -- 北京：北京联合出版公司，2020.6

ISBN 978-7-5596-4029-1

Ⅰ.①别… Ⅱ.①马… ②霸… Ⅲ.①女性－青春期－健康教育 Ⅳ.① G479

中国版本图书馆 CIP 数据核字 (2020) 第 039112 号

别只叫我女孩：从女孩到独立女性的六个真相

著　　者：（美）马伊姆·拜力克
译　　者：霸王龙文化
出 品 人：赵红仕
策　　划：玉兔文化
责任编辑：龚将　夏应鹏
特约编辑：李洁
特约统筹：高继书
书籍设计：左左工作室

北京联合出版公司出版
（北京市西城区德外大街 83 号楼 9 层 100088）
北京联合天畅文化传播公司发行
北京美图印务有限公司印刷　新华书店经销
字数 173 千字　880 毫米 × 1230 毫米　1/32　5.5 印张
2020 年 6 月第 1 版　2020 年 6 月第 1 次印刷
ISBN 978-7-5596-4029-1
定价：39.80 元
